par Roland le Vayer de Boutigni.

(Paris, 1665.)

DE LA PREVVE
PAR COMPARAISON
D'ESCRITVRES.

IL n'y a point d'ufage plus frequent au Palais, que celuy de la preuve par comparaifon d'efcritures; & cependant il n'y en a peut-eftre point où il fe commette de plus grands abus, & où nous paroiffions eftre moins inftruits.

Quelques-uns veulent que cette preuve foit la plus affeurée de toutes : parce , difent-ils, qu'eftant fondée fur une reffemblance naturelle dont chacun peut eftre tefmoin, elle a cela par deffus les autres, qu'en celle-cy le Iuge eft obligé de fe rapporter à la foy d'autruy; là où dans la comparaifon d'efcritures il eft Iuge par fes propres yeux,& n'a befoin d'adjoûter foy qu'à foy-mefme.

D'autres foûtiennent qu'il n'y a pas de preuve plus foible ny moins confiderable que celle-là : pource qu'ils difent que le rapport qui fe trouve entre deux efcritures eftant d'ordinaire l'effet d'une reffemblance fortuite ou étudiée; ce feroit commettre bien imprudemment la fortune , l'honneur & la vie des hommes aux caprices du hazard & à la difcretion des fauffaires , que d'affeoir des condamnations fur une conjecture fi incertaine & fi trompeufe.

Il y en a quelques-uns qui, entre ces deux extremitez, prennent un milieu. Ils veulent bien que la comparaifon d'efcritures faffe preuve dans les matieres civiles, mais ils la rejettent entierement des matieres criminelles. Et quelques autres enfin cherchant encore un autre milieu, eftiment qu'en l'un & en l'autre cas il ne faut ni trop negliger cette voye de parvenir à la connoiffance de la verité , ni s'y attacher auffi trop fervilement , & qu'il doit dépendre de la qualité & des circonftances d'une affaire & de la prudence des Iuges , d'y adjoûter telle foy que bon leur femble.

A

Quoy que ce dernier party foit apparemment le plus raifonnable, l'on peut dire neanmoins que c'eft celuy qui a caufé le plus d'erreur. Car comme les efprits cherchent naturellement à fe dégager de la fervitude, & qu'ils veulent de la liberté dans leurs opinions, l'on n'a pas manqué fur ce fondement de fe difpenfer peu à peu des regles ; & chacun s'eft fait à fa fantaifie des maximes particulieres pour abfoudre & pour condamner les hommes fur des efcrits defadvoüez, felon que fon fens naturel l'y a porté, quelquesfois felon que fon inclination a difpofé fon efprit à croire ou à décroire les chofes fur la vray-femblance, & fouvent felon que fon humeur s'eft trouvée plus encline à ménager ou à prodiguer la vie & le fang des particuliers.

Ainfi l'on peut dire que ce principe a fait qu'il femble qu'il n'y en ait plus aucun en cette matiere ; que c'eft une regle qui a renverfé toutes les autres ; & qu'au lieu d'établir quelque ordre & quelque certitude dans les jugemens, l'on y a introduit par là le defordre & la confufion. C'eft ce qui m'a fait refoudre de l'étudier avec quelque forte d'application, eftant obligé de chercher & d'apprendre dans les Originaux ce que le déreglement de l'ufage ne permet plus à l'experience de nous enfeigner, & d'avoir recours aux textes des loix en une matiere que les Praticiens ont entierement confonduë.

I'ay mefme voulu mettre par efcrit les principales maximes que j'ay creu nous devoir fervir de regle en de pareilles occafions ; & j'en ay fait cet abregé, non pas pour me mefler d'inftruire les autres, mais pour m'inftruire moy-mefme, & pour engager ceux qui ont de plus grandes lumieres fur ce fujet d'en faire part au public, afin que j'en puiffe auffi profiter.

Ie diviferay ce petit Traité en deux parties. Et comme l'ufage de la comparaifon d'efcritures eft appliqué à deux fortes de jugemens ; à fçavoir aux jugemens civils & aux jugemens criminels : je tafcheray d'expliquer au premier point, quelle peut eftre la force

de cette preuve les matieres civiles ; & au second
point j'essayeray de faire voir quel en peut estre l'effet dans les matieres criminelles. Mais je seray fort
court dans la premiere partie, pource que la plufpart des difficultez qui la concernent, sont déja ou
expressément decidées par les Loix, ou traitées par les
Docteurs. Ie ne la toucheray, pour ainsi dire, qu'en
passant, & autant seulement qu'il est necessaire d'en
connoistre les principes pour les appliquer aux matieres criminelles ; car celles-cy paroissent avoir esté
plus negligées en ce poinct par les Loix & par les Interpretes, bien qu'elles soient pourtant les plus dignes de reflexion, puis que ce sont sans doute les plus
importantes, & celles où il est le plus necessaire de
s'instruire, comme il est le plus dangereux d'y faillir.

L'usage de la Comparaison d'Escritures est fort ancien dans les matieres civiles. Ce n'est pas qu'il en
soit fait aucune mention dans les Digestes : je ne sçache que quatre endroits où il en soit parlé dans le
corps du Droict. Les deux premiers sont du Code,
les deux autres des Novelles. Mais de ces quatre
textes, il n'y en a que trois d'où nous puissions tirer
des maximes generales pour nous en servir sur ce sujet.
Car outre que l'autre est particulier pour la matiere
de faux dont je parleray en son lieu ; c'est qu'il n'y est
fait mention de la comparaison d'escritures qu'en
passant, sans qu'il y soit aucunement parlé ni de sa
forme ni de son effet.

La premiere Loy qui en traite expressément est dans
le titre du Code intitulé *de la foy que l'on doit adjoûter aux Escritures*. Ce fut l'Empereur Iustinien qui la
fit pour corriger un abus de son temps, qui comme
il le remarque luy-mesme, donnoit occasion à une
infinité de faussetez. En effet, quel desordre n'estoit-
ce point de recevoir, comme l'on faisoit alors, des si-
gnatures privées pour servir de pieces de comparaison à celles que l'on vouloit verifier ; & quelle consequence pouvoit-on tirer de la ressemblance ou de
la diversité de deux escritures, dont il n'y en avoit pas

De la Comparaison
d'Escritures en matiere
civile.

*L. comparationes. Cod.
de fide instrum.*
*L. ubi ad l. Corn. de
falf. Cod.*
Nou. 49; & Nov. 73.

D. l ubi.

*D. l. Comparationes.
Cod. de fide instrum.*

une authentique ? N'estoit-ce pas s'exposer au hazard de prendre une piece fausse pour le modelle d'une veritable ; & faire comme un ignorant Architecte, qui sans avoir éprouvé la justesse de sa regle & de son compas, s'en voudroit servir pour déterminer les proportions d'un bastiment ?

Voilà donc pourquoy l'Empereur fit cette premiere constitution, par laquelle il deffendit de se servir de pieces de comparaison qui ne fussent authentiques ; ou, si c'estoient des escritures privées, qu'elles ne fussent signées de trois témoins.

Cette loy qui reformoit un abus, produisit un autre inconvenient. Car il sembloit par là que jamais on ne se peust servir d'une escriture privée pour en faire une piece de comparaison, à moins qu'elle ne fust signée de trois témoins ; & cependant il y avoit deux rencontres où cela estoit injuste. L'une, lors que l'escriture privée estoit produite par celuy contre qui l'on s'en vouloit servir de piece de comparaison ; l'autre, lors qu'elle estoit tirée d'un depost public. Au premier cas, n'estoit-ce pas une mauvaise foy à celuy qui avoit une fois reconnu la verité d'une piece en la produisant, de la vouloir apres cela revoquer en doute, quand on s'en servoit contre luy ? Et au second, qu'elle apparence d'avoir pour suspecte une piece tirée d'un depost public, & de souffrir que les particuliers refusassent d'adjoûter creance à un titre sur lequel la foy publique ne faisoit pas difficulté de se reposer? Iustinien ordonna donc par une seconde loy qui est la 49. de ses nouvelles constitutions, qu'en l'une & en l'autre de ces deux rencontres, l'escriture privée seroit reputée authentique pour servir de comparaison ; non pas, comme disent quelques-uns, afin de corriger sa premiere loy, mais seulement pour en expliquer le sens & les termes.

Noꝰ. 49.

Mais l'Empereur s'apperçeut bien-tost que ces deux premieres loix n'avoient pas encore remedié au desordre ; & que tant qu'on adjoûteroit foy à la ressemblance des escritures, de quelle qualité qu'elles fussent

ce

ce seroit toûjours exposer la fortune des particuliers à
la mercy des faussaires, & à la temerité des Experts.
C'est pourquoy il fit sa Novelle soixante & treiziéme,
dont il est necessaire d'observer quels furent les motifs, & quelle fut la disposition.

Quant aux motifs, ils sont ainsi expliquez dans
la Preface. *Nous avons fait reflexion sur les loix qui
ont esté jusques icy établies touchant la comparaison des
écritures. Nous avons vû qu'il y en a quelques-unes par
lesquelles cette maniere de preuve a esté receuë; nous avons
vû aussi qu'il y en a d'autres, par lesquelles nos predeces-
seurs l'avoient entierement rejettée. (Ie diray en passant
qu'il ne nous reste plus rien de celles-cy.) L'experience avoit fait connoistre à ces sages Empereurs, que ce
moyen inventé pour couper chemin à la mauvaise foy de
quelques particuliers, n'avoit fait qu'ouvrir la porte aux
faussaires; que du moment qu'ils avoient vû que l'on faisoit consister la foy d'une piece en la ressemblance, ils ne
s'estoient plus exercez qu'à contre-faire toute sorte d'écritures; & qu'enfin c'estoit un aveuglement étrange de pen-
ser bien juger de la qualité d'un acte faux, par le seul
rapport qu'il avoit avec un acte veritable, puisque la
fausseté n'est autre chose qu'une imitation des choses vrayes.
Aussi avons-nous reconnu nous-mesmes qu'il provenoit de
là un nombre infiny de faussetez; & nous avons vû entr'autres arriver une chose incroyable en Armenie. Vn particulier ayant produit en Iustice un contract d'échange, la
comparaison en fut ordonnée, les Experts furent enten-
dus, ils trouverent une disparité entiere dans les écritures, ils jugerent la piece fausse; & cependant par l'évene-
ment la piece qu'ils avoient jugée fausse se trouva vraye,
& elle fut reconnuë par tous les temoins qui l'avoient
signée. Mais en effet, quel fondement peut-on faire sur
une ressemblance qui peut estre alterée par tant de causes?
Vn homme écrit-il toûjours de mesme maniere? Quel rapport peut-il y avoir entre les traits qui partent de la main
vigoureuse & asseurée d'un jeune homme, & ceux qui
partent de la mesme main quand elle est affoiblie & trem-
blante par la langueur de la vieillesse? Mais que, dis-je?*

*Novimus nostras leges,
quæ volunt, ex collatione
litterarum fidem dari
documentis, & quia qui-
dam Imperatorum super
excrescente jam malitia
eorum qui adulterantur
documēta, hæc talia pro-
hibuerunt: illud studium
falsatoribus esse creden-
tes, ut ad imitationem
litterarū semetipsos ma-
ximè exercerent, eo quòd
nihil est aliud falsitas,
nisi veritatis imitatio.
Quoniam igitur in his
temporibus innumeras in-
venimus falsitates in ju-
dicijs multis quorum fui-
mus auditores; et quod-
dam inopinabile ex Ar-
menia nobis exortum est.
Oblato namque commu-
tationis documento &
letteris dissimilibus judi-
catis, quoniam postea in-
venti sunt ij qui de documento testati sunt sub-
scriptionem subdentes, et
eam recognoscentes, fidem
suscepit documentum: &
quoddam hinc inopinabi-
le occurrit, eo quòd littera quidem sine fide visæ
sunt, licet examinata re-
sponsa verorum testium
cum veritate concorda-
verunt; & hoc per fidem
testium quæ videtur quo-
dammodo esse cauta. Vi-
demus tamen naturam
ejus crebrò egentem rei
examinatione, quando
litterarum dissimilitudi-
nem sæpe quidem tempus
facit. Non enim ita qui
scribit juvenis & robu-
stus, ac senex & fortis*

tremens; sæpè autem & languor & hoc facit. Et quidem hoc dicimus quando calami & atramenti immutatio similitudinis per omnia aufert puritatem : & nec invenimus de reliquo dicere quanta natura generans innovat & legislatoribus nobis præbet causas. &c.

Sed & si quis aut mutui instrumentum, aut alterius cujuspiam faciat, & noluerit hoc in publico confiteri (quod & in deposito definivimus) non ex ipso videatur credibile quod scribitur super mutuo documentum, nisi etiam testium habeat præsentiam fide dignorü, non minùs trium : ut sive veniant & propriis subscriptionibus attestentur, sive alij quidam testificentur quia præsentibus eis confectum est documentum; fidem causa ex vtroque percipiat. Etiam litterarum examinatione penitus non repulsa, sed sola non sufficiente, augmento autem testium confirmanda.

Si verò moriantur omnes testes, aut forsan absint, aut aliter non facile sit fidem ex testium subscriptionibus invenire, neque tabellio superest qui complevit (si quidem publicè sit confectum) quatenus testimoniü perhibeat pro se, aut non est in civitate : sed necesse est omninò collationem litterarum suppletiones eorum qui subscripserint assumere: tunc competens est properare quidem ad comparationes, (neque enim eas modis omnibus interdicimus) per omnem

Faut-il autre chose qu'un simple changement d'ancre ou de plume pour oster la naïfveté de la ressemblance ? Il est impossible enfin d'exprimer tous les inconveniens qui en peuvent naistre, & donner occasion aux Legislateurs, &c. Voila quelle est la Preface de cette Novelle.

Quant à sa disposition, elle paroist à la verité un peu embarassée ; parce que l'Empereur considerant d'un costé l'injustice qu'il y avoit de faire, en quelque maniere que ce fust, dépendre la verité d'une preuve sujette à tant d'incertitude, & ne voulant pas neantmoins aussi la rejetter tout à fait des matieres civiles, il eut peine à concilier deux pensées qui sembloient en quelque sorte contraires. Voicy enfin ce qu'il ordonna.

Nous avons vû que par sa premiere loy, il avoit deffendu de prendre pour pieces de comparaison des escritures qui ne fussent authentiques, c'est à dire, passées par des personnes publiques, ou signées de trois tesmoins : Par celle-cy, il deffend de verifier aucune piece par comparaison d'escritures, si la piece que l'on veut faire verifier n'est aussi signée de trois tesmoins dignes de foy, ou d'un Notaire, ou de deux tesmoins sans reproche, ou du moins si elle n'est passée en presence de trois tesmoins irreprochables. Ce n'est pas tout ; il veut que le Notaire & les tesmoins qui auront signé, reconnoissent leur signature au bas de cet acte. Si le Notaire reconnoist la sienne, en ce cas là, dit-il, c'est une piece publique qui n'a point besoin d'estre verifiée par comparaison. Mais si c'est un acte qui ne soit signé que de trois tesmoins, ou qui soit seulement escrit en leur presence sans estre signé d'eux ; ou mesme s'il est passé par un Notaire devant deux tesmoins, mais que le Notaire soit decedé depuis, & ne soit plus en estat de deposer : en ce cas (outre la verification par comparaison d'Escritures) il veut que les tesmoins qui ont signé reconnoissent tous leurs seings ; & en outre que soit qu'ils ayent signé, soit qu'ils n'ayent pas signé, ils deposent que l'Escriture verifiée par Experts a esté faite en leur presence, de la mesme main dont les Experts ont jugé qu'elle estoit escrite. Que si les tesmoins non plus que le Notaire ne sont plus vivans pour deposer de la verité ; il ordonne que leur signature soit verifiée tout ainsi que celle de la partie. *Mais, poursuit-il, si l'acte ne se trouve pas signé du nombre de personnes publiques ou de témoins que nous avons ordonné, en ce cas, la seule comparaison d'écritures ne sera jamais suffisante pour y faire ajoûter foy ; & il faudra qu'aprés la verification faite, le Iuge se rapporte au serment décisoire de la partie qui s'en veut servir.*

nerit, & testimonium perhibuerit cum jurejurando, si quidem non per se scripserit, sed per alium ministrantem sibi, & ille si vivit, si quidem possibile omninò est eum venire & nulla causa prohibet ejus adventum, ægritudo forte valida, aut qualibet aliarum necessitatum quæ hominibus accidunt. Quod si etiam adnumeratorem habuerit instrumentum, & ipse adveniat: ut tres sint testificantes & non unus. Si verò neque adnumerator assumptus est, & instrumentum ipse tabellio totum per se conscripsit atque supplevit, aut si etiam qui hoc conscripsit, non est, aut aliter ipse venire non valet: tamen cum jurejurando propriæ completioni attestetur ut comparationi non fiat locus, sint etiam sic credibilia documenta. Testimonium enim & ex voce complentis factum, & iusjurandum habens adjectum, præbuit quoddam causæ monimentum. Quòd si Tabellio deffunctus est, & testimonium perhibeatur suppletioni ex alia collatione: siquidem etiam sic habeat eum qui conscripsit instrumentum viventem, et adnumeratorem, adveniant et illi, siquidem præsentes sunt: et habeat ex collatione adimpletionum et ex testibus causâ fidem. Si verò nullus horum sit, tunc fiat quidem completionum collatio: non autem sola hæc ad hoc sufficiat, sed & aliorum subscribentium forte aut contrahentium scriptura examinentur, ut ex plurimis comparationibus tam completionis quàm subscribentium fortè aut etiam contrahentium una quadam colligatur, undique & efficiatur fides. Si verò nihil aliud inveniatur præter collationem instrumentorum: quòd hactenus valuit, fiat; vt qui profert ad collationis documentum juret solemniter. Vt autem aliquod omninò causâ sumat augmentum ad maiorem negotij fidem, et ipse qui hoc petit fieri, juret quia non aliam idoneam habens fidem, ad collationem instrumentorum venit, nec quicquam circa eam egit aut machinatus est quòd possit fortè veritatem abscondere. De quibus licebit sese liberare contrahentes, si consenserint vtrique ad hoc venire, ut insinuent instrumenta, et profiteantur ea sub gestis monumentorum ipsi contrahentes, quatenus priventur nequitia, et corruptione, et falsitatibus. Et quæcumque alia mala corrigentes, præsentem promulgamus legem: ijs quæ dudum à nobis in collationibus litterarum factarum, scripturam propriæ manus sancita sunt, in sua virtute manentibus: procul dubio et in ijs qui litteras nesciunt quæ olim valent in judicijs, suam habentibus firmitatem: quoniam quidem ex judiciali forma acceperunt examinationem hæc talia competentem. d. Nou. 73. c. 2. & 7.

Pour n'en rien obmettre, il y a encore cette distinction : Que si les Contracts sont de peu d'importance, ou passez à la campagne, l'on n'y desire pas ces formalitez : mais à l'esgard de tous les autres, jamais la seule comparaison d'Escritures ne suffit pour y faire adjoûter foy.

Car enfin, repete le texte, la ressemblance des écritures nous est trop suspecte ; c'est un argument qui nous a mille & mille fois trompez ; nous ne sçaurions nous y

autem subtilitatem procedere. Et omninò, si putaverit eis judex oportere credi, etiam jusjurandum injicere proferenti, quia nihil maligni conscius in eo quod à se profertur, nec quandam artem circa collationẽ fieri præparans sic utitur eo: quatenus neque perimatur quicquam omninò, & per omnia munitio in rebus fiat. In his verò quæ conficiuntur publicè documentis, si tabellio venerit [...]

Authentica, At si contractus. Cod. de fid. Instr. At si contractus fiat in civitate & unam libram auri excesserit, omnimodò adsit collationis argumentum quodlibet, nec ei soli credatur. Argumentum, id est signatura et depositio testium, ut Nov. 73. Si verò moriantur. Gloss. ibi.

Nam falsitates et imi-

*rapporter tant que nous ne verrons point de meilleure
preuve.*

C'est là le dispositif de cette Novelle ; d'où l'on
void qu'en effet, si Iustinien n'a pas absolument rejetté la comparaison d'Escritures des preuves civiles,
il l'a neanmoins si peu considerée qu'on peut dire
qu'il n'en a quasi fait aucun estat.

Et de vray quand il ordonne qu'elle ne fera point
de preuve si la piece que l'on veut verifier n'est signée de trois tesmoins, ou d'un Notaire & de deux
tesmoins, ou du moins si elle n'est faite en presence de trois personnes * *graves* & dignes de foy, & s'ils
ne deposent tous qu'ils l'ont veuë escrire en leur presence par celuy dont la main est reconnuë par les
experts ; n'est-ce pas dire en quelque maniere qu'on
ne considerera nullement la comparaison d'escritures, puisque generalement parlant, la deposition de
trois & mesme de deux personnes dignes de foy,
est toûjours suffisante de faire preuve.

Il paroist donc de là, qu'il s'est glisé un grand déreglement dans nostre usage. Car il semble aujour-
d'huy que pour condamner un homme en matiere
civile sur un escrit, ce soit assez que des Escrivains
rapportent que c'est sa signature. Cependant la loy
y est directement opposée ; nous voyons qu'elle demande deux choses ; *la signature, ou du moins la presence
de trois personnes dignes de foy*, & de plus, *leur deposition.*

D'où vient que nous pretendons nous dispenser de
ces formalitez ? Est-ce que les faussaires sont plus ra-
res & moins ingenieux à contrefaire les Escritures
qu'ils n'estoient en ce temps-là ? Est-ce que nous avons
quelque loy, ou quelque Coûtume qui establisse une
autre disposition ? Ce n'est rien de tout cela : mais
c'est que les regles s'oublient à mesure qu'elles vieil-
lissent. Et comme plus une eau s'éloigne de sa sour-
ce, plus il s'y mesle d'impuretez ; aussi plus nous allons
en avant & nous éloignons, pour ainsi dire, de l'ori-
gine des loix, plus il se mesle d'erreur & d'abus dans
nos connoissances.

Aussi

Aussi les Interpretes du Droict , qui pour avoir toûjours la Loy devant les yeux , n'en peuvent pas oublier les principes si-tost que nous ; ne se sont jamais départis de ces sages & équitables maximes. Toutesfois & quantes qu'ils ont parlé de la comparaison des Escritures, ils ont dit que tant qu'elle n'est appuyée que du simple jugement des Experts, elle ne pouvoit jamais estre comptée au nombre des preuves. *Il en faut faire si peu de cas*, dit la Glose , *qu'elle ne peut aller tout au plus qu'à former une presomption telle quelle.* En un mot, le plus grand effet qu'ils ayent osé luy attribuer, à esté de dire qu'elle peut donner lieu au Iuge de deferer le serment à la partie qui s'en veut servir. Monsieur Cujas entr'autres l'a ainsi escrit en ces termes : *La simple comparaison d'Escritures toute nuë , ne fait point de foy. Le plus grand effet qu'elle puisse avoir est de passer pour une demi-preuve ; c'est à dire d'obliger le Iuge de déferer le serment à la partie qui en soûtient la verité. Mais pour faire preuve, il faut que le rapport des Experts soit appuyé & de la signature des tesmoins , & de leur deposition.*

Comparatio litterarum sine testimoniorum confirmatione , non sufficit ad veritatis probationem. Iulian. antec. ad Nov. 73.

Comparatio litterarum, per quam qualis colligitur. fides. Gloss. fin. ad l. 3. Cod. de reb. cred.

Comparatio sola non probat jure authenticorum. Gloss. in verbo testium. Nov. de instrum. caut. et fide 73.

Comparatio sola litterarum non probat , quia littera possunt variari. Gloss. in verbo faciamus. ad l. coparationes. Cod. de fide instrum. Nõ creditur soli comparationi sine alio argumento : id est sine depositione trium testium deponentium quod viderunt eam perscribi. Paul. de Cast. ad rubr. auth. at si contractus.

Scripturæ nuda licet comparatione litterarum confirmetur , plenam fidem id est probationem facere dem non esse. *Iudicem tamen ea moveri posse ad deferendum jusjurandum , id est probationem facere* semi-plenam : *eam qua testes habet subscriptos , probationem facere plenam. Cujac. ad Nov. 49. Idem ad Nov. 73. Item ad Titul. Cod. de fide instrumentorum.*

Addendum est chirographum super quo controversia est & quod reus à se scriptum negat , ne tunc quidem probare , quando ex alia scriptura trium testium subscriptionem habente comparatio facta est ; nisi chirographum illud cujus fides quæritur ex comparatione alterius scripturæ trium testium subscriptionem habentis , etiam à tribus fide dignis testibus subscriptum fuerit. Conrad. Ritherfus in expo. method. Novel. part. 9. cap. 25. Et nisi testes propria subscriptioni attestentur quod eis præsentibus facta est charta Gloss. final. auth. at si , Cod. de fide instrumentorum.

Et quod valeat tantùm ad deferendum jusjurandum sola litterarum comparatio , tenent Barbos. ad l. admonendi. de jurejurando. n. 26. art. Conl. 64. Felin. cap. 2. n. 14. cod. de fide instrum. Alexand. Cons. 76. n. 3. l. 3. Cons. 80. l. 4. n. 4. et Cons. 150. n. 16. l. 5. Bertrand. Cons. 140. l. 2. Curt. sen. dict. l. admonendi. n. 115. et 117. Ruin. Cons. 35. n. 8. Rol. à Val. Cons. 26. n. 12. et 13. l. 1. &c.

Vne infinité de Docteurs dont le nom seroit icy importun, ont esté de ce mesme advis. Encore y en a-t-il parmy eux qui tiennent que dans le cas mesme où toutes les solemnitez de la Novelle sont observées , il faut estre extrémement retenu sur la foy qu'on adjoûte à la ressemblance des Escritures. *Car qu'y a-t-il de plus incertain*, dit Mornac, *qu'une chose qui peut tromper en tant de manieres ? C'est pourquoy,*

Nibil enim fallacius, cum ætas, valetudo, temporisque oportunitas, aut difficultas naturalē scriptionum causam mutare soleat. Indeque etiam numquam boni causique judices indicias ex incertis illis judicijs dicūt, etc. Denique compertum habemus plus satis, suspecta

adjoûte-il , *nous voyons que les sages Magistrats ont toûjours ces sortes de verifications pour extrémement suspectes ; & que dans la definitive d'un procez, ils tirent bien plûtost leurs raisons de decider, des autres circonstances d'une affaire, que de la ressemblance de deux Escritures ny d'une deposition d'Experts où il n'y a jamais d'asseurance.*

Aussi Menochius qu'on peut alleguer pour l'un de ceux qui ont le mieux traité cette matiere, & qui en a fait un Chapitre exprés, dans lequel il a examiné presque tous les cas & toutes les questions qui se peuvent former sur la comparaison d'Escritures en matiere civile, resout que c'est aller trop avant de dire qu'elle fasse toûjours une demi-preuve tant qu'elle n'est appuyée que d'une verification par Experts. *Tous sont d'accord qu'elle ne fait pas une preuve entiere : mais il n'y en a que quelques-uns qui disent qu'elle puisse mesme prouver à demy. Encore ne les en faut-il pas trop croire ; car il n'y a pas un seul texte de ceux surquoy ils se fondent qui le porte ainsi. La Loy * dit bien à la verité qu'il ne faut pas entierement negliger le jugement des Experts, ny la ressemblance des caracteres : mais où est-ce qu'elle porte que leur jugement fera une demi-preuve ; Quoy qu'il en soit, dit encore Menochius, † nous ne pouvons nier une chose dont nous ne sommes que trop convaincus par l'experience ; c'est qu'il y a toûjours bien du peril en cette sorte preuve. Combien a-t-on veu de gens si adroits dans l'imitation de la main d'autruy, qu'il estoit impossible d'y reconnoistre la moindre diversité.*

Il y en a qui vont encore plus loin, & qui soûtiennent que la simple verification par Experts, ne fait pas mesme une legere presomption, & (pour user de leurs termes) *que ce n'est que de la fumée.*

---

esse adeo judicibus ea comparationum judicia, ut ferè insuper habeant, litesque aliunde ex instrumentis judicialibus perpensisque personarum existimatione dirimant. Mornac. ad l. comparationes. Cod. de fid. instrument.

Comparatio litterarum plene probat quando constat de similitudine, et in illa apocha super qua est controversia, adest subscriptio trium testium qui graves & honesti sunt, & illi recognoscunt suas subscriptiones, affirmantes scripturam factam fuisse ipsis præsentibus ab illo inscriptura commemorato. Quando autem apocha non habet trium testium subscriptionem, sed ex sola litterarum comparatione apparet litterarum similitudo, certum est, & omnes consentiunt, quod plenè non probat. Quidam autem dicunt quod semiplene : sed ego dico hoc esse in judicis arbitrio. Nam textus quo Doctores moventur non affirmat comparationem hanc semiplenam probationem facere, sed solum ait quod non est penitus rejicienda. Menoch. l. 2. Cas. 114. de arbit. judic.

* *Litterarum examinatione penitus non repulsa, sed sola non sufficiente augmento autem testium confirmanda. text. Nov. 73. cap. 2.*

† *Negare tamen non possumus quod experientia docet, probationem hanc esse multum periculosam, cùm multi reperiantur qui alterius manum ita fingunt, ut illam ipsam scripturam esse dicamus. Menoch. Ibid.*

Couarrumias 3. loco & modern. Paris. in consuet. Paris. proüt refert Pantschman. d. qu. 2. n. 33. tenent quod nec præsumptio quidem inde oriatur, id quod etiam sensisse videtur dom Cavalc. dec. 27. n. 62. dum tradit quod dicta comparatio facit dumtaxat fumum. Nic. Genova. Patav. de script. priv. l. 2. n. 70. pag. 83.

Mais enfin il est certain pour conclure ce premier poinct, que la commune opinion de tous les Docteurs est qu'il n'y a que doute & incertitude dans la comparaison d'Escritures; Et qu'en matiere civile, elle ne fait point de preuve tant qu'elle n'est fondée que sur le simple raisonnement des Experts, & sur la ressemblance ou la diversité de deux caracteres.

Outre tous ceux que j'ay déja nommez, cette opinion est encore tenuë par *Bursat. Consf.* 123. *n.* 21. *Pet. Sard. Consf.* 187. *n.* 24. *in* 2. *Hip. Rimin. Consf.* 39. *n.* 6. *Pet. Aug. Morlac. in suo Empor. l.* 1. *Tit. de fid. instr. quæst.* 3, *n.* 21.

versic. sed tamen sciendum. Marc. dicis. 935. *Mascard. concl.* 330. *n.* 7. *Ioan. Koppen. decis.* 46. *n.* 21. *Pet. Gilken. in l. instrumenta n.* 13. *Cod. de Prob. prosp. Farinac. in fragm. civil. part. 1. n.* 495.

Venons maintenant à la comparaison d'Escritures en matiere criminelle, & pour penetrer plus à fonds dans la verité, examinons ce qui s'en peut dire de part & d'autre.

De la comparaison d'Escritures en matiere criminelle.

Ceux qui veulent faire valoir la comparaison d'Escritures en matiere criminelle, posent premierement pour un principe, que par l'usage cette sorte de verification fait foy dans la matiere civile.

Ils adjoûtent que cela estant, elle la doit faire pareillement dans les matieres criminelles; parce, disent-ils, qu'en cas de preuves, il ne faut point faire de distinction entre le civil & le criminel. Qu'en effet la preuve n'est qu'un moyen de parvenir à la découverte de la verité. Que ce moyen est certain ou incertain. S'il est incertain, que ce n'est une preuve en l'un ny en l'autre : mais s'il est certain, qu'il fait preuve en tous les deux. D'où il s'ensuit, dit-on, que l'usage l'ayant reputé capable de faire preuve dans les matieres civiles; c'est une consequence pour les matieres criminelles.

Qu'aussi ce mesme usage l'y a-t-il admise; & que nous voyons qu'elle a esté receuë par les Arrests, indifferemment en toutes sortes de crimes.

Qu'en tout cas, il y en a de certains où elle est absolument necessaire, comme dans les faussetez, où le crime est difficile à découvrir, & où le déguisement estant caché dans l'Escriture ne se peut aussi reconnoistre que dans l'Escriture.

Que c'est une raison pour laquelle l'Empereur Constantin l'y a receuë, par une Constitution qu'il a faite

D. l. ubi 2. *Cod. Theod.* & 22. *Cod. Justin. ad l. Cornel. de fals.*

exprés, & qui eſt rapportée au Code Theodoſien & inſerée en celuy de Iuſtinien, aux titres de la loy Cornelia touchant le crime & la punition des fauſſaires.

Que quand elle ſeroit rejettée des autres crimes, il la faudroit admettre dans celuy-cy ; parce qu'en pareilles rencontres l'on a toûjours eü eſgard à la difficulté de trouver des teſmoins ; Que cette difficulté a ſouvent contraint les Iuges de recourir à des preuves encore plus extraordinaires & plus imparfaites que celle-là ; Et que c'eſt par cette raiſon que dans les adulteres, l'Eſcriture Sainte avoit étably l'eſpreuve des eaux ameres contre les femmes, pour ſuppléer à l'impoſſibilité de les convaincre d'un crime qui n'a quaſi jamais que les coupables pour teſmoins.

Num. cap. 5.

Qu'apres tout l'on peut ſouſtenir que cette preuve eſt un abregé qui comprend toutes les autres. Qu'elle contient les Titres, puis que c'eſt un eſcrit qui en eſt toûjours le fondement ; qu'elle contient les Teſmoins, puis qu'on peut donner ce nom aux Experts ; & qu'elle contient enfin les Preſomptions, pource qu'il n'y en a point de plus forte que celle qui naiſt de la reſſemblance ou de la diſſemblance des Eſcritures, la nature ayant voulu que les effets ſemblables n'euſſent pour l'ordinaire qu'une meſme cauſe.

Enfin l'on peut dire qu'en tout cas, ſi la comparaiſon d'Eſcritures ne fait pas une preuve entiere & parfaite en matiere criminelle, au moins ne peut-on pas nier qu'elle n'y faſſe une demi-preuve, & qu'elle n'y ait le meſme effet que tous les Docteurs luy ont attribué dans les matieres civiles.

Il me ſemble que voila en abregé ce qui ſe peut dire de plus conſiderable en faveur de la comparaiſon d'Eſcritures : Voyons maintenant ce qu'on peut reſpondre à ces difficultez.

Premierement, il eſt certain qu'il faut d'abord retrancher tous les prejugez que l'on pretend établir ſur l'uſage receu dans les matieres civiles, & ſur celuy que les Arreſts ont autoriſé dans les matieres criminelles.

Car

Car quant à l'ufage receu dans les matieres civiles, nous avons montré qu'il eft contraire aux termes precis de la Loy. Or prefuppofé que les Iuges ayent pû fe départir de l'obfervance de la Loy en matiere civile, il eft certain qu'ils n'en peuvent pas faire de mefme en matiere criminelle, où l'on fçait que tout ce qui eft étably en faveur d'un accufé eft de Droict eftroit; ou ce n'eft pas affez * de fçavoir pour condamner, mais où il faut fçavoir dans les formes; & où il n'eft pas enfin en leur liberté de prendre pour une preuve fuffifante de la verité, ce que la Loy leur a ordonné de ne confiderer que comme une conjecture fort incertaine.

* De plus en matiere de preuves, il n'y a jamais de confequence à tirer du civil au criminel. La vie des hommes dont il s'agit dans les matieres criminelles, eft tellement au deffus des biens qui font le fujet ordinaire des queftions civiles, que ce feroit une imprudence fans pareille, de n'apporter pas plus de circonfpection dans les unes que dans les autres.

Comme les habiles Medecins agiffent avec bien plus de retenuë dans les maladies qui ont trait à la mort, qu'en celles où il n'y a pour tout peril qu'à effuyer la peine de quelques faignées; que dans les premieres ils obfervent tous les fignes & tous les fymptômes pour tafcher de penetrer dans la qualité du mal, là où dans les autres ils fe contentent de tafter le poux, & quelquefois mefme d'envifager le malade : De mefme les fages Magiftrats font bien plus refervez à fe déterminer dans les caufes capitales, qu'en celles où il ne s'agit que de retrancher quelque chofe des biens d'un particulier; en celles-cy ils peuvent juger fur les apparences, mais dans les autres, ils doivent penetrer au fond de la verité, & pour cela ils en doivent obferver jufqu'aux moindres circonftances, en examiner, pour ainfi dire, tous les fymptômes, & ne fe déterminer que fur des fignes certains & par des preuves indubitables.

Auffi nous voyons par nos Loix, que la fimple

Marginal notes:

* Oportet, ut qui judicis officio fungitur, tanquam judex, hoc eft per aliorum teftimonium cognofcat crimen, quod in publico judex punire debet. De hac fola cognitione quam per teftium relationem habet judex, intelligitur quod ait Salomon : *Qui quod novit loquitur judex juftitiæ eft, poftquam crimen fuerit judici juxta juris ordinem relatum & plenè cognitum.* Alphonf. à Caftro de poteft. leg. pœnal. l. 2. cap. 15. in 1. notab.

Non eft fatis ad pœnam infligendam, quod Iudex fciat, fed ut juris ordine fciat. Ibid. conclu. 1.

* Hæc omnia in pecuniariis quæftionibus intelligentes. In criminalibus enim in quibus de magnis eft periculum, omnibus modis, &c. Nov. 90. cap. Et quoniam.

Cunctator effe debet qui judicat de falute. Alia fententia poteft corrigi, de vita tranfactum non patitur immutari. Caffiod. Ep. 1. l. 7. in form. com. prov.

De vita & fpiritu hominis qui pars mundi eft, & animantium numerû complet, laturum fententiam diù multumque cunctari oportet, nec præcipiti ftudio, ubi irrevocabile factum eft, agitari. Ammian. Marcel. l. 29.

Confeffos in jure præjudicatis haberi oportet,

quare sine causa deside-
ras recedi à confessione
tua cū & solvere cogeris.
L. unic. Cod. de Confessis.

Confessiones reorum pro
exploratis facinoribus
haberi non oportet. L.1.f.
de quæst. §. Divus.

Non statim confesso reo
contenti estis ad pronun-
ciandum, &c. Tertul. in
Apologet.

L. 2. ff. de jurejur. &
tot. tit.

** L. Judices. Cod. de*
Testib. sed hoc in civili-
bus tantummodo causis.
Nam in criminalibus
testes apud judices repræ-
sentandi sunt. Authent.
Apud Cod. eod.

Confession qui fait la parfaite conviction d'un hom-me en matiere civile, n'est pas reputée une preuve suffisante en matiere criminelle ; & que le Serment qui fait preuve entiere lors qu'en matiere civile il est deferé à vne partie, ne fait pas seulement la plus le-gere presomption contre un Accusé.

* De là vient encore, qu'en matiere civile l'on don-ne souvent des Commissaires pour entendre les tes-moins & faire l'enqueste ; là où en matiere crimi-nelle il faut selon la Loy, que le Iuge les entende & les examine luy-mesme. Et de là vient enfin qu'on decide les questions civiles sur la seule deposition des tesmoins, mais qu'on n'y a nul esgard dans les questions capitales, s'ils n'ont esté recolez & con-frontez.

Ie sçay bien que la recherche & la punition des crimes est infiniment favorable : mais la protection de l'innocence l'est encore plus mille fois. *Il est bien plus juste*, dit la Loy, *de sauver un innocent que de perdre un criminel* : C'est pourquoy elle ne precipite pas son jugement dans ces rencontres sur des instru-ctions legeres, comme celles qui luy suffisent par fois quand il n'est question que d'un interest civil.

Satius est impunitum
relinqui facinus nocentis,
quam innocentem dam-
nare. L. 5. ff. de Pœnit.

Il faut donc effacer ce premier argument qu'on tire de l'usage qui se pratique en matiere civile ; & il faut retrancher de mesme l'avantage qu'on voudroit pren-dre du mesme usage & de la disposition des Arrests en matiere criminelle. Il est vray qu'on a souvent re-ceu la comparaison d'Escritures dans l'instruction des procez criminels : mais bien que les Iuges l'ayent re-ceuë dans l'instruction, neanmoins il est certain que le Parlement n'a encore jamais jugé qu'elle fust suffi-sante pour fonder une condamnation capitale. Elle a esté admise par la raison qu'en ces rencontres on cherche des lumieres de toutes parts, qu'on reçoit jusques aux moindres & aux plus legers indices, qu'on entend les tesmoins les plus reprochables, & qu'on essaye enfin en toutes manieres de trouver quelque jour à la verité. Mais il ne s'ensuit pas de là, que lors qu'on en vient au jugement des procez, toutes les preuves qu'on a receuës foient decifives. Nous pouvons dire au contraire, qu'il y a mille exemples remarquables & notoires pour montrer que quand il ne s'eft point trouvé de plus forte conviction que celle-là contre un accufé, la Cour n'y a pas fait grande confideration.

Ces premieres objections eftant retranchées, & la queftion eftant toute entiere & fans prejugez, il l'a faut maintenant examiner par fes vrais principes.

Pour cet effet j'en établiray trois, que je diftingueray en autant de differentes propofitions.

La premiere eft, que generalement parlant, nous n'avons point de loy qui reçoive la comparaifon d'Efcritures pour faire preuve en matiere criminelle.

La feconde, que dans ces matieres il n'y a que trois fortes de preuves admifes par la Loy.

La troifiéme, que la comparaifon d'Efcritures n'eft d'aucune de ces trois efpeces.

Apres ces trois propofitions établies, il fera facile d'en tirer la conclufion, & de refpondre à toutes les objections qui fe peuvent faire au contraire.

Quant à ma premiere propofition, à fçavoir, qu'il n'y a nulle Loy qui reçoive la comparaifon d'Efcritures pour une preuve en matiere criminelle, l'établiffement n'en eft pas difficile.

Car à commencer par la Loy divine qui doit eftre le fondement de toutes les Loix, non feulement nous ne voyons point que cette preuve foit receuë dans les jugemens capitaux, mais nous trouvons qu'au contraire elle en eft expreffément rejettée. *Perfonne*, dit Dieu, *ne pourra eftre condamné à mort, finon, fur la depofition de trois, ou du moins de deux tefmoins ;* & il repete ce precepte jufques à trois fois, comme un des plus importans commandemens de toute l'ancienne Loy.

Et ne nous imaginons pas que ce foit là un de ces preceptes qui ne confiftant qu'en formalitez & en ceremonies, ont efté corrigez ou negligez par la Loy nouvelle. Celuy qui venoit pour perfe-

Accusationem noli re-
cipere nisi sub tribus vel
duobus testibus. Math.
c. 18. v. 16. 2. ad Co-
rinth. c. 13. v. 10. 1. ad
Timoth. c. 5. v. 19. & ad
Hebra. c. 10. v. 28.

ctionner la Loy n'avoit garde d'en retrancher un precepte, sans lequel elle ne pouvoit estre qu'imparfaite.
Il a fait au contraire, de nouveaux efforts pour l'établir ; & si nous rencontrons ce commandement escrit
trois fois dans l'Ancien Testament, nous le voyons
encore plus souvent repeté dans le Nouveau.

Que si de la Loy de Dieu nous voulons passer à
celles des hommes, nous n'en trouverons point non
plus qui ayent permis de recevoir une accusation capitale sur le foible fondement d'une comparaison
d'Escritures. En voyons nous rien dans les Loix Grec-
ques ? En lisons nous rien dans les Loix particulieres
d'aucuns peuples? I'ay examiné entr'autres, autant qu'il
m'a esté possible, tous les textes du Droict Romain
qui parlent de la comparaison des Escritures : mais je
n'y en ay pas trouvé un seul, d'où l'on puisse induire
qu'elle soit capable de faire une preuve legitime contre un accusé.

D. l. Vbi. ad l. Corn.
de fal. Cod.

Ie sçay bien qu'il y a une Loy de Constantin qui
semble l'admettre dans la matiere de faux : mais je
feray voir dans son lieu que ce n'est point contre l'accusé qu'elle la reçoit ; que c'est plûtost en sa faveur;
& que tant s'en faut qu'on en puisse conclure que
la comparaison d'Escritures puisse faire la preuve
d'un crime, au contraire il paroist par là tres clairement qu'on a précisement decidé qu'elle n'y estoit pas
suffisante.

Quant aux trois autres Constitutions de Iustinien
que j'ay rapportées, il est impossible de les appliquer
à la procedure criminelle ; & cela est aisé à justifier.
Celle qui en traitte le plus à fonds est la Novelle
soixante & treiziéme. C'est elle, comme nous avons
veu, qui explique, qui corrige, qui contient en un
mot les deux autres Loix ; & c'est là seulement que
nous en pouvons parfaictement connoistre l'esprit.
Or il n'y a quasi pas un mot dans cette Constitution, depuis le commencement jusques à la fin, où
il ne se voye qu'elle a toûjours restraint sa disposition aux seules matieres civiles. Si elle pose quelque
espece,

espece, c'est toûjours celle ou d'un[a] eschange, ou d'un[b] depoft, ou d'un[c] preft, ou de[d] quelqu'autre contract ; si elle nomme les parties elle les appelle toûjours[e] contractans ; en un mot elle a mesme étably sa disposition, en telle forte qu'il est impossible de l'entendre que des seules matieres civiles. Car par exemple comment appliqueroit-on aux matieres criminelles cet endroit, ou apres avoir marqué toutes les solemnitez dont elle desire que l'escriture qu'on veut verifier soit reveftuë ; elle adjoûte, que si ces solemnitez y manquent, la verification de la piece par les Experts, ne servira qu'à obliger le Iuge de se rapporter au serment de celuy qui s'en veut ayder ? A-t-on jamais oüy dire que les sermens decisoires ayent lieu dans les questions capitales ?

De plus, quand la mesme Novelle prescrit qu'entre les tesmoins dont elle desire la deposition, l'on entende sur tout celuy qui a compté l'argent ; ne montre-t-elle pas assez nettement qu'elle n'a jamais eü la pensée de soûmettre à la foiblesse de cette preuve, d'autres causes que celles où il s'agissoit d'un simple interest pecuniaire. Aussi ny Iulien, ny Accurse, ny pas un de ces celebres Interpretes & Commentateurs qui se font meslez de les expliquer, n'en ont ils posé l'espece qu'entre des parties contractantes, & non entre un accusateur & un accusé.

Ie dis plus, car de cette Loy mesme de Constantin, qui semble par un privilege particulier avoir receu la comparaison d'Escritures dans les matieres de faux, ne doit-on pas conclure que cette comparaison n'étoit point admise dans les autres matieres criminelles ? Ie montreray en son lieu à quel dessein elle estoit receuë dans les faussetez, & quel en pouvoit estre l'effet ; Mais quoy qu'il en soit, s'il fallut une Loy pour l'introduire dans la matiere de faux, c'est ce me semble une bonne marque, pour montrer qu'on n'avoit pas permission de s'en servir dans les autres questions capitales.

C'est donc une proposition certaine, & dont la

[a] *Oblato namque commutationis documento prafat. d. Nov. 73.*
[b] *Etenim quiddam de deposito. Ibid.*
Si quis vult cautè deponere, &c. cap. 1. Ibid.
[c] *Sed & si quis aut mutui, &c. cap. 2.*
[d] *Si tamen quisquam aut deponens aut mutuans, aut aliter contrahens, &c. cap. 4.*
[e] *Quod si etiam adnumeratorem habuit instrumentum, &c. Aut etiam contrahetium una colligatur, &c. §. 2. Ibid.*
Et profiteantur ea sub gestis monumentorum contrahentes. §. 3. Ibid. &c.
Cæterùm, Si Tabellio mortuus sit & absoluti instrumenti testimonium habeatur ex alterius comparatione : si quidem superstitem habeat eum qui instrumentum conscripsit illius mandato, & item numeratorem prodeunto & illi. d. Novel. 73. ex interpr. Haloand.

reflexion doit paroiftre affez importante fur ce fujet, que ceux qui ont redigé les Loix Romaines par ordre, n'ayant expreffément traité de la preuve par comparaifon d'Efcritures, qu'en trois endroits, il n'y en a pas un feul de ces trois où ils l'ayent appliquée aux matieres criminelles.

Et de vray, nous voyons qu'anciennement c'eftoit une chofe affez ordinaire, & parmy les Grecs & chez les Romains, de fe fervir de titres contre un accufé pour l'inftruction de fon procez. Nous en avons plufieurs paffages dans Demofthene, dans Ciceron, dans Afconius fon Commentateur, & dans plufieurs autres. Cependant nous n'en voyons pas un feul où il paroiffe qu'un accufé venant à nier fon efcrit, l'on fe foit jamais fervy d'une verification par Experts pour l'en convaincre.

Ariftote, Ciceron & Quintilien ont affez curieufemét rapporté tous les genres de preuves dont on avoit accoûtumé de fe fervir dans les accufations, mais ils n'ont jamais fait mention de celuy-là. D'où nous pouvons induire qu'en effet on ne s'en fervoit ny parmy les Grecs, ny parmy les Romains pour faire preuve contre un accufé dans les queftions capitales. Si les efcrits eftoient reconnus ils fervoient de preuve; s'ils eftoient defavoüez, on les prouvoit ou par des tefmoins qui les avoient veus efcrire, ou par ceux qui les avoient trouvez dans la maifon & entre les papiers de l'accufé, ou par d'autres indices femblables. Peut-eftre mefme que quand la reffemblance eftoit extraordinaire fans qu'il y euft la moindre difference, lors qu'elle fautoit pour ainfi dire aux yeux des Iuges, cela faifoit, non pas une preuve, mais quelque legere conjecture au procez. Mais qu'en une queftion capitale l'on fondaft une preuve fur un raifonnement d'Experts, c'eft dequoy nous ne trouvons aucuns veftiges dans toute l'antiquité.

Avons nous quelque Ordonnance qui admette cette preuve dans ces occafions, où nulles Loix civiles ne l'ont receuë, & dont la Loy divine l'a rejettée?

Certainement nous n'en voyons pas une seule. Au contraire je trouve dans les termes de nos Ordonnances sur le faict de la preuve dés escrits, qu'elle distingue pour cela extrémement la matiere criminelle d'avec la matiere civile. Quand elle parle de la preuve des Escritures privées dans les matieres civiles , comment dit-elle qu'elle se fera ? par verification ; C'est un terme general qui comprend la preuve par titres, par tesmoins·, & la verification par Experts. Quand elle parle de la mesme preuve des escrits dans la matiere criminelle , elle ne dit pas qu'elle se fera par verification, mais par information ; terme qui ne comprend que la preuve par tesmoins.

Par exemple dans l'Ordonnance d'Orleans , il est dit, *entre Marchands & non autres , toutes promesses & cedules reconnuës ou deuëment verifiées emporteront garnison , &c.* Remarquez ce terme *verifiées* , parce qu'elle parle de la matiere civile.

En voicy encore un second ; *Ceux qui nieront le seing apposé en leurs cedules ou promesses par escrit seront condamnez au double apres la verification faite au contraire , &c.* l'Ordonnance se sert encore du terme *de verification*, parce qu'il s'agist du civil.

Mais quand elle vient à la matiere criminelle , se sert-elle du terme *de verification*? nullement. Voicy le texte des Ordonnances. *Aucun ne sera receu à maintenir fausses les pieces contre luy produites , sans s'inscrire en faux contre icelles , &c. & dedans trois jours baillera ses moyens de faux ; lesquels estant declarez admissibles , luy sera permis informer d'iceux , pour l'information faite & rapportée , decerner adjournement personnel ou prise de corps , soit contre la partie , Notaires , ou autres.*

L'Ordonnance fait donc une grande difference entre les deux. Dans le civil elle permet la simple *verification*: mais en cas de crime, elle ordonne que la preuve soit faite par *information*; terme qui , comme j'ay dit, ne comprend point *la verification* par Experts. Car encore que depuis quelques années l'on ait voulu,

Art. 145.

Charles IX. à Paris, en Ianvier 1563.

François I. à Ys sur Thille en Octobre 1535. chap. 5. art. 23. & chap. 9. art. 10. & Henry III. en 1585.

par une nouveauté jufques alors fans exemple, introduire l'ufage de faire entendre les Experts dans les informations, tout ainfi que des tefmoins : neanmoins il
eſt conftant, comme nous le verrons encore mieux par
la fuite, que des Experts ne font point des tefmoins,
& que le terme d'information ne comprend point
l'audition des Experts. Cela eſt fi veritable, que bien
qu'un Arreſt porte une permiſſion d'informer, chacun fçait que l'on ne peut pas pour ocla proceder
à une comparaifon d'Efcritures, fi l'Arreſt ne l'adjoûte nommément, ou s'il n'y en a un autre par lequel
cela foit expreſſément ordonné.

Ma premiere propofition eſt donc vraye ; que nous
n'avons point de Loy qui reçoive la comparaifon d'Efcritures pour faire preuve en matiere criminelle ;
paſſons maintenant à la feconde.

II. Proposition.
Qu'il n'y a que trois fortes de preuves receuës
en matiere criminelle.

I'ay dit en fecond lieu, qu'en matiere criminelle
il n'y a que trois fortes de preuves qui foient receuës ;
& cette propofition eſt encore plus facile à établir
que la premiere. Car comme elle eſt fondée dans les
termes prẽcis de la Loy, il ne faut autre chofe qu'en
rapporter le texte propre. *Que tous ceux*, dit l'Empereur, *qui veulent intenter une accufation capitale,
fçachent qu'ils n'y feront point receus s'ils ne la prouvent ou par des titres fans contredit, ou par des tefmoins fans reproche, ou par des indices indubitables &
plus clairs que le jour.*

*Sciant cuncti accufa-
tores eam fe rem defer-
re in publicam notionem
debere, qua inſtructa fit
apertiſſimis documentis,
vel munita idoneis teſti-
bus, vel indiciis ad pro-
bationem indubitatis &
luce clarioribus expedi-
ta. L. fin.
Cod. de Teſtib.*

On ne peut rien defirer de plus pofitif que font
ces termes. Mais comme en fuite de cette propofition, j'auray à faire voir que la comparaifon d'Efcritures n'eſt de pas une de ces trois efpeces de preuves : il eſt bon pour nous y preparer, (encore que
chacun fçache aſſez ce que c'eſt qu'un titre, des tefmoins, & des indices) de faire icy avant que de paffer outre, une legere reflexion fur chacune des trois ;
parce que quelques differentes qu'elles foient, on ne
laiſſe pas fouvent de les confondre.

Ie dis donc qu'en matiere criminelle il y a trois
fortes

fortes de preuves ; à ſçavoir la preuve par titres ſans contredit ; la preuve par teſmoins ſans reproche ; & la preuve par indices indubitables, & plus clairs que le jour. Les Docteurs les diſtinguent par ces mots, preuve literale, preuve teſtimoniale, & preuve conjecturale.

La preuve literale, eſt celle où le faict dont il s'agit, eſt prouvé immediatement par la foy, & par la propre authorité de quelque piece authentique. Ainſi pour faire une preuve literale, il faut entr' autres deux conditions. L'une que la piece qui ſert de titre contienne & prouve immediatement le faict dont il s'agit ; c'eſt à dire, s'il s'agit d'injures, qu'elle contienne preciſément les injures ; ſi de conſpiration, qu'elle contienne preciſément la conſpiration. Car ſi ce titre ne contient rien du crime dont il eſt queſtion , & qu'on s'en ſerve ſeulement pour en tirer des conſequences & des inductions par conjecture ; alors cette preuve ne s'appelle plus preuve literale du crime, ce n'eſt plus qu'une preuve literale d'une conjecture ; & par conſequent elle ne forme plus elle-meſme qu'une conjecture & un indice.

Inſtrumentum nil aliud probat, quàm illud quod continetur in eo. Bal. ad L. Ad probationem 21. Cod. de Probat.

La ſeconde condition neceſſaire eſt , que la piece qu'on produit faſſe foy par ſon autorité propre. Car ſi elle ne fait pas foy par ſa propre autorité, ce n'eſt point encore une preuve literale , d'autant que ce n'eſt plus la piece qui prouve ; la preuve vient alors ou des teſmoins , ou des indices qui luy font donner créance, & ainſi elle tombe encore dans l'eſpece de la preuve ou teſtimoniale, ou conjecturale.

Dans la preuve teſtimoniale, il y a de meſme deux conditions entr' autres qui ſont eſſentielles.

La premiere, que les teſmoins qui ſont ouïs depoſent du faict dont il eſt queſtion. Car s'ils ne depoſent pas du faict dont il s'agit , mais ſimplement d'autres faicts qui ne ſervent que par induction à ſon eſclairciſſement ; s'ils ne depoſent que de quelque circonſtance qui l'a precedé , ou de quelqu' autre qui l'a ſuivy, encore qu'on en puiſſe tirer des argumens pour la conviction de l'accufé; neanmoins ce tefmoignage n'eft plus de la nature de la preuve par tefmoins, il tombe dans l'efpece de la preuve par indices, parce qu'alors la depofition des tefmoins n'aboutit qu'à des indices.

La feconde chofe effentielle pour former une preuve par tefmoins, eft que le tefmoin qui depofe du faict, en depofe comme d'une chofe qu'il [a] fçait de certitude pour l'avoir veuë luy-mefme; ou du moins pour l'avoir entenduë, fi c'eft une de ces fortes de chofes qui confiftent en paroles comme les injures & les blafphemes. Car fi le tefmoin ne depofe finon [b] d'avoir oüy dire la chofe à un autre, fi la connoiffance qu'il a eft [c] vacillante & incertaine, fi ce n'eft qu'une créance [d] & une opinion fondée fur quelque raifonnement, & qu'il ne fçache pas certainement ce qu'il dit pour l'avoir veu ou entendu : fa depofition n'eft plus capable de former une preuve par tefmoins; parce que le oüy dire ne fait qu'une fimple conjecture, l'incertitude ne forme que des doutes, la créance n'eft qu'une fimple opinion, & tout cela en un mot n'eft point un tefmoignage.

Ces maximes font tirées de la plus pure & de la plus conftante difpofition des textes du Droict civil; & elles font encore en peu de mots expliquées dans un paffage de la Collection des Loix Attiques qu'un fçavant homme a données au public dans ces derniers temps. *Que les tefmoins*, porte cette Loy, *ne depofent que des chofes où ils ont efté prefens, & qui fe font paffées à leurs yeux.*

La regle que les Docteurs y ont établie, eft que le tefmoin doit connoiftre les chofes dont il depofe, immediatement, & pour ufer de leurs termes *par le fens corporel*. Mais pour nous expliquer encore plus clairement, difons en un mot, que le tefmoin doit eftre à l'efgard des chofes dont il eft tefmoin, ce que la glace d'un miroir eft à l'efgard des objets qu'elle reprefente. Comme elle, il doit reprefenter les chofes dans leur eftat veritable, fans les augmenter, dimi-

---

[a] *Deponat fub præfentia fua debitum effe folutum. L. Teftium 14. Cod. de Teftib. Licentia fit quærere per examinationem teftium dicentium fe, & affuiffe iis quæ gefta funt, & vidiffe quæ tunc agebantur. Auth. de fanctif. Epifcop. cap. 2. §. Si verò abfunt.*

[b] *Sic ergo de fua fcientia debet reddere teftimonium & de fua præfentia. De auditu autem alieno non valet. Glof. ad. d. L. Teftiũ in verb. præfto.*

[c] *Et ideò teftes qui adverfus fidem fua teftationis vacillant audiendi non funt L. 2. ff. de Teftib.*

[d] *Teftis debet dicere de veritate, non autem qůod credat tantùm. Glof. et propofitis. §. Nulli autem. In authent. de fanctiff. Epifcop.*

Ἃ ἂν εἰδῇ τις, καὶ οἷς ἂν παραγένηται πραττομένοις ταῦτα μαρτυρεῖν ἐν γραμματείῳ γεγραμμένα, id eft.

Eorum quibus interfuerunt dum fierent & fieri viderunt teftimonium dicunto. Sam. Petit. leg. Attic. Tit. 7.

Teftis debet reddere rationem dicti fui per fenfum corporalem, puta vifum vel auditum. Glof. ad L. Teftium. Cod. de Teftib. in add. ad marg.

nuer ny alterer en quelque maniere que ce puiſſe eſtre. Et cela ne ſe peut, s'il depoſe des choſes qu'il n'a pas veuës. Car comme une glace ne peut recevoir que les eſpeces des objets qui luy ſont preſens, il ne peut auſſi recevoir une connoiſſance parfaite que des choſes qui ſe paſſent à ſes yeux; Et comme cette meſme glace ſeroit fauſſe ſi elle repreſentoit à ceux qui la conſiderent des objets qui ne ſont pas devant elle; le teſmoin ſeroit un faux teſmoin s'il pretendoit faire voir des choſes qu'il n'a pas luy-meſme veuës, & où il n'euſt pas luy-meſme eſté preſent.

Auſſi nous voyons au commencement des Epiſtres de ſaint Iean, que pour ſe donner créance dans le teſmoignage qu'il va rendre de la verité, il dit : *Il faut que vous me croyez, parce que je parle de ce que j'ay oüy de mes oreilles propres, de ce que j'ay veu de mes propres yeux, & de ce que j'ay touché de mes propres mains.*

Quod audivimus, quod vidimus oculis noſtris, quod perſpeximus, quod manus noſtræ contrecta- verunt teſtamur. Ep. 1. l. 1. Item c. 4. v. 4.

Et quand Ieſus-Chriſt, luy qui eſtoit la verité meſ- me, parle de ſon propre teſmoignage ; il ſemble qu'il ne veut qu'on le croye que parce qu'il a veu, & qu'il a oüy toutes les choſes dont il rend teſmoignage. *Croyez-moy*, dit-il à un Phariſien, *parce que je parle de ce que je ſçais, & que je ne rends teſmoignage que de ce que j'ay veu. Je te dis*, adjoûte-t-il encore un peu apres, *que je ne ſuis teſmoin que de ce que j'ay veu & de ce que j'ay entendu.*

Amen, amen dico tibi, quia quod ſcimus loqui- mur, & quod vidimus teſtamur. Ioan. 3. v. 11.
Et quod vidit & audi- vit hoc teſtatur. Ib. v. 32.
Quia viſu & auditu res percipiuntur : nec cen- ſeretur teſtis fuiſſe præ- ſens niſi audiſſet et vidiſ- ſet. Vt L. Diem proferre. § coram. Cod. de arbit. *ſed ſi teſtificetur de aliis quæ non percipiuntur vi- ſu vel auditu ; ſed geſtu vel odoratu aut tactu, de- bent deponere ſenſum illi appropriatum. Alias non eſſet ſufficiens probatio.* ut Not. per Bartol. in I. 1. Cod. de verb. obligat. Gloſſ. ad I. Teſtium. 13. Cod. de Teſtib. in verb. *præſentia ſua & ibi* ad- dit. ad marg.

En effet, il eſt conſtant que la certitude de la ſcien- ce qui eſt neceſſaire pour former un teſmoignage, ne peut eſtre produite que par la veuë & par l'oüie, n'y ayant que ces deux ſens capables de recueillir im- mediatement les images & les eſpeces des actions & des paroles, telles qu'elles ſont neceſſaires pour pro- duire une connoiſſance parfaite dans nos eſprits.

Quant à la preuve par indices ou preuve conje- cturale, c'eſt generalement toute autre ſorte de preu- ve qui n'eſt ny literale ny teſtimoniale. Ce n'eſt pas qu'elle ne dépende le plus ſouvent comme les autres des titres & des teſmoins : mais c'eſt de titres & de

tefmoins où dont la foy n'eſt fondée que ſur celle
d'autruy, ou qui ne nous découvrent pas immediatement le faict dont il s'agit, & qui ne nous en ap-
prennent que des circonſtances, dont nous nous ſer-
vons pour parvenir par raiſonnement à la découverte de la verité.

Mais il faut remarquer que toutes ſortes d'indices
ne ſont pas receus pour faire preuve en matiere criminelle. Il n'y a que les indices manifeſtes, indubitables, & plus clairs que le jour. *Il y a deux ſortes
d'indices*, dit Ariſtote; *les uns qui forment une ſcience,
& les autres qui ne fondent qu'une opinion.* Or la Loy
deſire des premiers; car elle veut des indices indubitables & plus clairs que le jour, c'eſt à dire, de ces
indices qui forment la ſcience, & qui concluent par
une conſequence ſi neceſſaire, qu'il eſt impoſſible
que la choſe ſoit autrement qu'ils la font voir. Et de
ce nombre (pour ne m'arreſter qu'à ce qui regarde
ma matiere) ſont entr'autres tous les effets qui ne peuvent eſtre produits que par une ſeule cauſe. Car du
moment qu'un effet ne peut eſtre imputé qu'à une
ſeule cauſe, vous devinez la cauſe par l'effet, par une
conſequence indubitable, & qui forme une ſcience;
la ſcience eſtant une connoiſſance des cauſes par
leurs effets, tout ainſi que des effets par leurs cauſes.
Mais pour ce qui eſt de tous les effets qui peuvent
eſtre imputez à deux cauſes diverſes, ce ne ſont jamais des indices indubitables; ils ne forment jamais
de ſcience, mais de ſimples doutes. C'eſt pourquoy
on les appelle équivoques; d'autant que pouvant eſ-
galement ſignifier deux choſes diverſes, ils tiennent
toûjours l'eſprit partagé entre les deux. Et Balde les
appelle *des moyens impertinens, qui ne prouvent rien;*
parce qu'encores que le moyen, c'eſt à dire, l'effet
ſoit certain, il ne conclud rien de certain pour en
faire connoiſtre la cauſe.

Voicy l'eſpece de la Loy à propos de laquelle il en
parle ainſi; & elle n'eſt pas inutile à noſtre ſujet. Vn
homme ſouſtenoit qu'un autre eſtoit eſclave; & pour

le

Marginal notes:

In Rhet. ad Alex. c. 13.
πᾶει δὲ τῶν σημείων τὸ
μὲν οἴεσθαι, τὸ δὲ εἰδέναι.
*Signa vero efficiunt alia
quidem opinionem, alia
vero ſcientiam.*

*Id enim quo multa ſi-
gnificantur eſt ſignum
ambiguum, & per conſe-
quens fallendi occaſio.
Sanct. Thom in Sum. 3.
p. Q. 60. art. 3. arg. 1.*

*Per media impertinentia
non fit probatio. Bald.
in Rubric. L. 22. Cod.
de probat.*

*Ad probationem ſervi-
tutis Glyconis, matrem
ejus ac fratrem ſervilia
feciſſe miniſteria non ſuf-*

le prouver il montroit que le frere & la mere mesme de cet homme avoient vescu dans l'esclavage. *Cette preuve est ridicule*, dit la Loy, *car la liberté n'est pas toûjours l'effect d'une seule cause ; si ce pretendu esclave n'a pas obtenu la liberté de sa naissance, ne la peut-il pas avoir receuë du hazard & de sa bonne fortune ?*

Tous les effects qui peuvent estre attribuez à deux differentes causes ne sont donc point, encore un coup, du nombre des indices indubitables. Pourquoy ? parce que du moment qu'ils peuvent estre imputez à deux diverses causes, il est impossible de s'asseurer de laquelle des deux ils sont les indices. Il en est de mesme que d'un fruit que l'on n'a point veu cueillir. S'il n'y a qu'un seul arbre qui en produise de semblable, il est aisé en le voyant de deviner auquel il a esté pris : mais s'il y a deux arbres tous pareils, l'on ne le peut plus conjecturer sans incertitude. Et cela est encore plus difficile à reconnoître s'il s'en trouve trois de mesme espece. Ainsi quand on void un effect qui ne peut estre produit que par une seule cause, il est aisé de deviner la cause par son effet: Mais s'il peut estre imputé à deux causes, l'on ne peut plus l'attribuer à l'une des deux qu'avec doute ; & le doute est encore plus grand, si l'esprit se trouve parragé entre un plus grand nombre de causes. Tellement que sans s'arrester à toutes les distinctions des Escholes qui embarassent tant l'esprit dans la connoissance des diverses especes de signes ou d'indices ; l'on peut dire en un mot de toutes sortes de conjectures, qu'elles s'éloignent de l'espece des indices indubitables, par autant de degrez qu'il y a de causes diverses dont elles peuvent estre les effects.

Voila quelles sont les trois sortes de preuves legitimes & receuës en matiere criminelle, hors desquelles la Loy n'en admet aucune. Voyons maintenant si la comparaison d'escritures se peut dire de l'une de ces trois especes ; c'est le sujet de ma troisiéme proposition.

Ie dis donc en troisiéme lieu, que la comparaison d'escritures n'est d'aucune de ces trois sortes de preu-

ficit, &c. cùm de servis ex eadem matre natis libertatem unus adipisci non prohibeatur. Dict. L. 22. Cod. de probat. Et c'est de là que Balde tire cette maxime, *per media impertinentia non fit probatio.*

III. Proposition.
Que la comparaison d'écriture n'est point du

nombre des trois efpe-
ces de preuves receuës
par la loy en matiere
criminelle.

ves. Mais cette troifiéme propofition defire un peu plus d'explication que les deux autres; parce qu'encore qu'elle ne foit pas moins certaine, elle eft toutesfois moins connuë, plus importante, & que de fon parfait eftabliffement dépend quafi la decifion de toute la matiere.

Premierement, peut-on dire que la comparaifon d'efcritures forme une preuve Litterale? Ie demeure d'accord qu'elle eft toujours fondée fur un écrit. Mais eft-ce affez d'un écrit pour faire une preuve par titre? N'avons nous pas veu entr'autres, qu'il faut pour cela que la piece dont on fe veut fervir prouve immediatement la verité, & qu'elle faffe foy par fon authorité propre. Or en toute comparaifon d'efcritures, le titre qu'il s'agit de verifier ne contient pas le plus fouvent un feul mot du fait dont il s'agit; l'on n'en tire des lumieres que par conjectures; (comme par exemple lors que de la difference ou de la reffemblance des lettres, l'on en veut induire une fauffeté) & quoy qu'il en foit, la piece qu'on doit verifier ne fait jamais foy par elle mefme, puis qu'au contraire il faut toûjours qu'elle foit elle mefme prouvée, & que toute fon authorité ne fe fouftient que fur le raifonnement & les conjectures des Experts. Donc la comparaifon d'efcritures n'eft point une preuve litterale.

Peut-on dire plus raifonnablement que ce foit une preuve par tefmoins? Il femble à la verité qu'on fe le foit imaginé, à voir la maniere que l'on a depuis quelque temps introduite de faire depofer les Experts dans les informations, & de les entendre confufement avec les tefmoins; & ce qui eft encore de plus eftrange de les confronter aux accufez.

Mais il n'y a pourtant encore rien de plus efloigné de la nature des tefmoins; & je croy que quiconque y fera un peu de reflexion trouvera cette procedure affez eftrange. Car nous avons veu que la premiere condition effentielle pour former une preuve par tefmoins, eft que le tefmoin depofe du fait, c'eft à dire qu'en matiere criminelle, par exemple, il depofe du crime dont ils'agit. Or dans la comparaison d'escritures, des Experts, en qualité d'Experts, ne peuvent jamais deposer que de la ressemblance, ou de la diversité des Escritures qui leur sont representées. Cette ressemblance ou diversité n'est pas le crime, ce n'en peut estre tout au plus qu'un indice ; & par consequent la deposition des Experts ne peut jamais former qu'un indice.

Ie n'ignore pas qu'il ne se trouve quelquefois des Experts assez hardis pour entreprendre sur l'Office des tesmoins, & pour deposer qu'ils croyent que des escritures sont fausses, & qu'elles sont de la main d'un tel ou d'un tel, comme s'ils la leur avoient veu escrire: mais du moment qu'un Expert veut passer jusques là, ce n'est plus un Expert, c'est un tesmoin affecté, c'est un faux tesmoin. Car un homme, comme nous avons encore dit, ne peut legitimement deposer en justice que de ce qu'il void, non pas par raisonnement, mais par ses sens. Or un Expert, en qualité d'Expert, ne void rien au delà de la simple ressemblance ou diversité des Lettres: il ne peut donc parler d'autre chose ; & tout ce qu'il dit au delà, marque de la fausseté, ou tout au moins de l'affectation. Cette ressemblance peut bien faire imaginer & deviner à des Experts ce que bon leur semble : mais il y a bien de la difference entre deviner & sçavoir. On ne les entend pas comme devins, mais comme Experts. La justice ne decide pas de la vie des hommes sur des imaginations ; elle veut la certitude de la science ; elle demande une infallibilité ; elle veut *des lumieres plus claires que le soleil en plein midy.*

Luce meridiana cla-
riores. Gloss. ad d. L.
sciant. Cod.

Ie passe plus avant, & je dis, que non seulement un Expert ne peut pas deposer du crime d'un accusé; mais qu'il ne peut pas mesme deposer en qualité de tesmoin, de la ressemblance ou diversité des caracteres qui luy sont representez, quoy que ces caracteres tombent sous les sens, & qu'il les voye de ses propres yeux. La raison en est, que comme nous avons dit qu'il faut qu'un tesmoin depose d'un faict, & qu'il sçache ce faict, non pas par opinion, ny par jugement, mais par la pure connoiſſance de ſes ſens , par *ſon ſens corporel* , comme diſent les Iuriſconſultes : Auſſi faut-il par la meſme raiſon, que la choſe dont il depoſe, ſoit un faict qui ſe conçoive parfaitement par la pure connoiſſance des ſens , & non pas par jugement & par opinion. Expliquons nous mieux.

Il y a deux ſortes de faits qui peuvent tomber en queſtion. Les uns que nous concevons entierement par les ſens, comme ſont toutes les actions qui ne conſiſtent qu'en fait ; les autres dont la notion ſe forme principalement par l'entendement , telles que ſont toutes les choſes qui dépendent du raiſonnement. La nature ſeule nous mene à la connoiſſance des premiers ; il n'y a que l'art & la ſcience qui nous donne la parfaite connoiſſance des autres.

De ces deux ſortes de faits, les premiers ſe peuvent prouver par teſmoins, mais jamais les ſeconds ; parce que du moment que la connoiſſance d'un fait ne dépend que de la ſcience ou de l'art , tout ce qu'on en peut dire n'eſt plus qu'un raiſonnement, ou pour mieux dire une opinion ; & l'opinion n'eſt jamais un teſmoignage.

Cette difference a ſi bien eſté reconnuë par la Loy, que dans toutes les choſes dont la connoiſſance ne dépend que de la ſcience ou de l'art ; elle n'a jamais admis les teſmoins, elle a ſeulement permis en ces cas d'avoir recours aux Experts. Nous en avons entr'autres un texte bien precis dans l'Ordonnance de Blois, qui corrigeant l'abus qui s'eſtoit gliſſé dans la maniere d'informer de la valeur des choſes dont il s'agiſſoit de ſçavoir le prix , deffend d'avoir d'oreſnavant recours aux teſmoins, & ordonne que l'on conviendra ſimplement d'Experts. Pourquoy ? Parce que la connoiſſance du prix & de la valeur des choſes, dépend de l'experience & de l'art , & non pas ſeulement de la nature.

Or il eſt certain que la connoiſſance parfaite de la reſſemblance ou diverſité des caracteres, ne dépend point de la nature ſeule , mais de la ſeule experience & de l'art.

l'art. Il ne faut autre chofe pour le prouver, que les Arrefts & les Sentences propres par lefquelles on or-donne tous les jours qu'il fera procedé à la compa-raifon des Efcritures ; car jamais on ne manque d'ad-joûter que ce fera par des Maiftres Efcrivains ou Ex-perts. Pourquoy des Experts, fi c'eftoit une chofe qui fe peuft connoiftre naturellement & fans art ? Il y a plus. Car de quelle maniere ces Experts depofent-ils d'une reffemblance ? Ce n'eft jamais que par des rai-fonnemens & des inductions pleines de fubtilité, en feparant les mots de chaque ligne, en divifant les lettres de chaque mot, en coupant quelquesfois les lettres mefmes par parties, & en les diftinguant de leurs liaifons, pour les comparer les unes aux autres. Enfin je ne veux que la depofition propre d'un Efcri-vain, pour montrer qu'il n'y a rien qui dépende tant du raifonnement & de l'art, ni par confequent rien qui foit fi éloigné de la qualité des chofes qui peuvent tomber dans la preuve par tefmoins. Des Experts font donc des Arbitres & non pas des tefmoins ; Et com-me dit excellemment un Interprete du Droict, *leur depofition eft plûtoft un jugement qu'un tefmoignage.*

.Refte donc que la comparaifon d'écritures forme une preuve de la nature des indices. Et il eft vray que c'en eft un ; car fon effet eft de montrer la diverfité ou la reffemblance des écritures, & l'un & l'autre font des conjectures. Mais l'indice qui en refulte eft-il un de ces indices indubitables qui font defirez par la Loy, dans les matieres criminelles ; ou fi c'eft feulement de ces indices incertains & trompeurs qui en font abfo-lument rejettez ?

Perfonne ne doute que fi une conjecture de cette qualité peut eftre de quelque poids, c'eft dans les ma-tieres de faux. Voyons donc fi en matiere de faux, la comparaifon d'écritures peut former un indice indu-bitable ; car fi elle n'en fait pas un dans cette rencon-tre, il n'y en a point où cela puiffe eftre.

L'indice indubitable eft, comme nous avons veu, ce-luy qui produit une confequence neceffaire pour jufti-

---

Margin notes:

faits qui feront déduits au procés, de les recevoir à faire preuve par té-moins.

Magis judicium, quàm teftimonium. Salycet.

fier la chofe dont il eſt l'indice. Suppoſons donc deux
écritures jugées par les Experts les plus ſemblables,
ou les plus differentes qu'on ſe puiſſe imaginer ; s'en-
ſuit-il, par une conſequence neceſſaire, que ces deux
écritures ſoient d'une meſme main ſi elles ſont ſemblables, ou qu'elles ſoient d'une main diverſe ſi elles
ſont differentes? En un mot, en reſulte-t'il une neceſſité indubitable de la fauſſeté ou de la verité de ces
deux écritures? Si l'une de ces inductions eſt neceſſaire, je veux dire, ſi c'eſt une conſequence infallible que
deux écritures ſemblables ſoient de meſme main , &
que deux écritures differentes ſoient de main diverſe;
il faut qu'il n'arrive jamais que deux écritures de meſme main ſoient differentes, ni que deux écritures de
differente main ſoient ſemblables. Car ſi l'un ou l'autre des deux arrive quelquesfois, il n'y a plus (je ne diray pas de neceſſité, mais je diray meſme) de ſeureté
dans cette conſequence. Et il y en a encore bien
moins, ſi cela arrive ſouvent. Car enfin , pour faire
que ces conſequences : *Voilà deux écritures ſemblables,
donc elles ſont de meſme main ; voilà deux écritures differentes, donc elles ſont de deux mains diverſes ;* Afin, dis-je,
que ces conſequences ſoient veritables, il faut établir
pour principe que toute écriture ſemblable eſt de meſme main , & que toutes écritures diſſemblables ſont
d'une main differente. Or qui eſt-ce qui oſeroit avoir
mis en avant un tel principe? Qui eſt-ce qui peut nier
qu'il n'arrive tous les jours que des écritures de deux
mains differentes ſont pareilles , & que des écritures
d'une meſme main ſont differentes. Le ſeul principe
qu'on y peut donc établir eſt de dire, que ſouvent deux
écrits d'une meſme main ſont ſemblables, & que quelquesfois auſſi ils ſont differents. Mais qui peut tirer
une conſequence reguliere d'un tel principe ? Qui a
jamais veu argumenter ainſi ? *Souvent des fruits d'un
meſme arbre ſe reſſemblent ; donc tous fruits qui ſe reſſemblent ſont d'un meſme arbre.*

Paſſons plus loin. Nous avons veu cy-devant (&
c'eſt un principe des Philoſophes & des Rheteurs) que

τὰ δὲ ἐνδεχόμενα ἄλλως,
ὅταν ἔξω τῦ θεωρεῖν γένη-
ται, λανθάνει εἰ ἔςιν, ἢ μή.
*Quæ enim ſeſe aliter ha-
bere poſſunt , cum longè
à conſpectu remota ſint,
ſint, necne, obſcurum eſt.
Ariſt. 6. Ethic. cap. 3.*

tout figne qui eſt équivoque ne forme jamais un indice indubitable ; qu'il eſt équivoque dés que c'eſt un
effet, par exemple, qui peut eſtre imputé à deux cauſes differentes ; & encore plus s'il peut eſtre attribué à
un plus grand nombre de cauſes.

Or la reſſemblance ou la diſparité qui ſe trouve
entre deux écritures comparées enſemble , ne peut-
elle pas eſtre un effet de diverſes cauſes ? Ne ſe peut-il
pas faire que ce ſoit un effet d'une imitation étudiée,
auſſi-bien que de l'habitude d'une meſme main ? Ne
ſe peut-il pas faire que ce ſoit l'effet d'une rencontre fortuite de deux perſonnes qui écrivent de meſme
façon ? Ne ſe peut-il pas faire que ce ſoit l'effet d'autant de cauſes qu'il y a de fauſſaires capables d'imiter
la main d'autruy, d'autant de perſonnes qu'il y en a
de capables d'écrire naturellement de meſne ſorte,
enfin d'autant de rencontres qu'il y en a qui peuvent
diverſifier les caracteres. Cette reſſemblance ny cette
diſparité n'eſt donc pas ſimplement l'effet ordinaire
d'une ſeule cauſe, mais de dix mille ; & ſi cela eſt, y
eut-il jamais un ſigne plus équivoque, un indice plus
incertain , une conjecture plus trompeuſe.

Paſſons encore plus avant. Balde en a fait une definition merveilleuſe. *La comparaiſon d'Eſcritures*, dit-
il, *n'eſt autre choſe ſinon un argument pris de la reſſem-*
blance & de la vray-ſemblance. Cette definition eſt à
mon gré admirable ; d'autant qu'elle en explique
non ſeulement toute la nature , mais encore tous
les effets. Elle en comprend la nature, parce qu'en
effet le fondement de cette preuve n'eſt autre choſe que la reſſemblance. Elle en explique tous les
effets, parce qu'on aura beau chercher tant que l'on
voudra , l'on ne trouvera pas qu'il en puiſſe jamais
reſulter autre choſe que la vray-ſemblance. Car encore une fois, qu'on poſe deux Eſcritures les plus ſemblables du monde,& qu'on raiſonne deſſus ſans préoc-
cupation : un homme raiſonnable ne dira jamais autre
choſe ſinon ; *Voila deux Eſcritures pareilles, donc il eſt*
vray-ſemblable qu'elles ſont d'une meſme main. Or de

Scriptura ex qua fit
comparatio, nihil aliud
eſt niſi argumentum à
ſimili & veriſimili.
Bald. ad l. Comparatio-
nes, num. 34.

tout ce qu'il y a d'argumens, y en a-t-il un si foible que la vray-semblance ? Qui a jamais appris à conclure ainsi ? *Cela est vray-semblable, donc cela est.*

Il est bien plus rare mille fois de voir deux enfans de divers peres qui se ressemblent, que non pas de voir deux Escritures de differentes mains qui soient semblables. Car la ressemblance de deux personnes qui ne sont pas nez de mesme parens, ne peut estre qu'une chose fortuite ; au lieu que la ressemblance de deux Escritures de diverses mains, peut estre, comme nous avons dit, non seulement fortuite, mais estudiée. L'un ne se peut rencontrer que par un miracle de la nature ; l'autre peut arriver par un effet ordinaire de l'art, & de plus par mille rencontres naturelles. Neanmoins quoy qu'il soit infiniment plus difficile de voir deux personnes qui se ressemblent, sans avoir mesmes parens, que de voir deux Escritures pareilles sans estre de mesme main ; seroit-ce un bon argument en Iustice, de conclure de la ressemblance qui se rencontréroit entre deux personnes, qu'indubitablement ils sont freres ? Vn homme seroit-il receu là-dessus ; à demander le partage d'une succession ?

Cependant l'argument de la ressemblance des Escritures est, ainsi que nous venons de dire, encore bien plus foible que celuy de la ressemblance des personnes ; & l'on hazarderoit là dessus non pas le partage d'une succession, mais toute la fortune, la reputation & la vie des hommes ! Cela se peut-il raisonnablement concevoir ?

C'est un principe de la Sagesse, que celuy qui a esté trompé une fois doit estre toûjours en défiance de la chose qui l'a trompé ; parce que c'est un autre principe, que ce qui a trompé une fois, peut tromper autant de fois que l'on aura l'imprudence de s'y confier. Or combien de fois la ressemblance a t-elle trompé dans les escritures, aussi bien que dans les hommes ?

Valerius Max. de si-
militud. form. l. 9. c. 15.
item Solin. Polihistor. c. 5.
Opusc. ou petits Trait- Si l'histoire nous a conservé les noms de tant de gens qui ont trompé par la ressemblance de leurs visages, que nous en voyons des chapitres entiers dans les Li-

vres,

vres ; combien à plus forte raiſon pourroit-on faire de
gros volumes de ceux qui ont abuſé les Iuges, les particuliers & les Experts meſme par la reſſemblance & par
la conformité parfaite des eſcritures. Mais ces exemples ſe voyent plus dans l'experience du monde que
dans les Livres, parce que cela eſt ſi ordinaire & ſi
commun, qu'on ne ſe donne pas la peine de le remarquer, à moins qu'il n'arrive ou en des rencontres importantes, ou à des perſonnes extraordinaires.

Ainſi Suetone a eſcrit qu'Auguſte apprenoit ſur
toutes choſes à ſes enfans à imiter ſa ſignature ; & en un
autre lieu il dit que l'Empereur Titus eſtoit ſi adroit à
contrefaire la main d'autruy, qu'il n'y avoit perſonne
qui n'y fuſt trompé : *En ſorte*, ajoûte-t-il, *que ce Prince
avoit accoûtumé de dire de luy-meſme, qu'il ne tenoit
qu'à luy qu'il ne fuſt le plus grand de tous les fauſſaires.*
Nous voyons dans l'Hiſtoire ſecrete de Procope, une
choſe étonnante d'un certain Priſcus de la ville d'E-
meſſe. Il avoit contrefait l'écriture de tout ce qu'il y
avoit quaſi de perſonnes de qualité dans la Ville, &
celle meſme des plus celebres Notaires avec tant d'art,
que jamais perſonne n'y reconnut rien juſqu'à ce qu'il
l'avoüa luy-meſme. Et l'Hiſtorien remarque que la
foy que l'on ajoûtoit aux contracts de ce Fauſſaire, fut
le ſujet de cette Conſtitution, par laquelle Iuſtinien ordonna que d'oreſnavant l'on ne preſcriroit plus contre
l'Egliſe Romaine par un moindre eſpace de temps que
de cent années. Zazius dans ſes Réponſes ſingulieres
fait mention d'un certain Moine, dont l'adreſſe n'é-
toit pas moindre à contrefaire les écritures ; & Mornac, d'un auſſi celebre Fauſſaire qui fut empriſonné
ſous Henry le Grand. Mais à quoy bon s'arreſter icy à
des exemples particuliers ? Tous les Autheurs, de-
meurent d'accord que c'eſt une choſe ſi ordinaire &
ſi triviale, qu'ils n'en parlent quaſi jamais, qu'en di-
ſant ; *Cela eſt commun, cela arrive tous les jours, c'eſt
une experience journaliere.*

Et de vray, à qui eſt-ce qu'il n'eſt point arrivé d'a-
voir eſté trompé par la reſſemblance des eſcritures, &

---

tez de la Mothe le Vayer.
Lett. 26.

Ciceron reproche quel-
que part à Antoine d'a-
voir fait meſtier de con-
trefaire les eſcritures, &
d'y avoit fait de grands
profits. *Quo me teſte con-
vinces ? An chirographo
in quo habes ſcientiam
quæſtuoſam. Philip.*
Suet. in Aug.

*Idem in Tito. imitari
chirographa quacumque
vidiſſet, ac ſæpe profiteri
ſe maximum falſarium
eſſe potuiſſe.*

In Anecdot.

Philon Iuif en ſon livre
contre Flaccus parle d'un
certain fauſſaire nommé
Lampon, ſi adroit à con-
trefaire toute ſorte d'eſcritures, qu'à cauſe du
grand nombre de fauſſe-
tez qu'il commettoit, il
fut nommé Καλαμοσφάκ-
της, c'eſt à dire égor-
geant avec la plume.
Lib. 2.

*Ad L. Comparationes,
Cod. de fide inſtr.*

peut estre mesme par la sienne propre ? Certes c'est icy qu'on peut dire aux Iuges, ce que Dieu dit à peu prés dans l'Euangile à ceux qui luy amenoient la femme adultere pour la condamner ; *que celuy à qui il n'est point arrivé de faillir prononce la condamnation.* Mais je pense que si tous les Iuges qui y ont esté trompez se recusoient, il n'en demeureroit plus aucun.

Mais peut-estre les Experts ont des regles plus asseurées, pour ne s'y méprendre point ? C'est une erreur ; l'experience journaliere en est un contredit sans replique. Quelle contradiction ne voyons nous point tous les jours entr'eux ; les uns soûtenant une escriture vraye, & les autres soûtenant qu'elle est fausse ? Faut-il autre chose que ces contrarietez pour marquer leur incertitude dans ces matieres ? Ou plûtost en veut-on un exemple plus celebre & plus authentique que celuy qui est rapporté par l'Empereur Iustinien dans sa Novelle, où il parle de ce qui advint de son temps en Armenie ; N'en avons nous pas déja marqué le texte, qui montre *comme des escritures jugées fausses par des Experts furent reconnuës veritables, par ceux mesmes qui les avoient escrites ?*

Mais apres tout, je ne veux que la propre reconnoissance des Experts pour montrer leur incertitude. Oseroient-ils jamais dire qu'ils sçavent que deux escritures sont de mesme ou de differentes mains ? Nullement. Les plus hardis n'osent avácer autre chose, sinon qu'ils le croyent, & que cela leur semble estre ainsi. Or du moment qu'ils disent seulement que cela leur semble, ils avoüent donc qu'il n'y a que de l'apparence & qu'ils ne le sçavent pas asseurément. Que s'ils ne le sçavent pas asseurément, comment un Iuge peut-il fonder sur leur rapport une science & une connoissance qu'ils n'ont pas eux-mesmes ? Y a-t-il un homme de bon sens qui fist le moindre cas d'un tesmoin, qui au lieu de tesmoigner qu'il sçait le fait dont il dépose, avec certitude, diroit simplement qu'il a opinion que cela est, qu'il luy semble ainsi, qu'il croit que la chose s'est passée comme il l'a dit. Il est indubitable qu'on le ren-

---

Ioan. c. 8.

Nam cum probato permutationis instrumento, dissimiles inter se scriptura judicatæ essent, posteà tamen, quam qui instrumento testes accesserant & suscripserant inventi sunt & suscriptionem suam agnoverunt, instrumentum fidem accepit. d. n. 73. in Præfat. ex vers. Haloand.

Outre les textes que j'en ay déja rapporté cy-dessus, il y a encore la glose de l'Authentique *de Testibus. in verbo, cognita. & Gloss. vidisse, in §. si verò absunt. Auth. de hæred. & falc. Testis non debet testificari de credulitate, sed debet testificari sic esse vel non esse. ib. ad d. ad marg.*

voyeroit, & que la Loy deffend de le recevoir: car,
comme dit Aristote, qui peut s'asseurer que la pensée
& l'opinion d'autruy ne soit pas en effet un mensonge?

Quoy donc la déposition de l'Expert n'est qu'une
opinion, & le Iuge fondera là dessus une connoissance
certaine? Quoy le Iuge tiendra ce qu'on luy dit pour
indubitable, & celuy qui le luy dit avouë luy-mesme
qu'il ne fait que s'en douter. Hé! qui a jamais crû que
le Iuge puisse estre plus asseuré que l'Expert ou le témoin dont il tire toute sa connoissance. N'en doit-il
pas estre tout au contraire? Pouvons-nous jamais sçavoir si bien un fait que celuy dont nous l'apprenons; &
la verité ne pert-elle pas toûjours de sa force à mesure
qu'elle passe par de differens organes, comme le vin à
mesure qu'on le change de vaisseaux.

Mais il y a sur tout de certaines occasions où il ne
faut que le sens commun pour voir qu'il est impossible
à des Experts de juger de la verité sur la comparaison
de deux escritures.

C'est à sçavoir quand il s'agit d'une piece où un homme est accusé d'avoir voulu contrefaire un seing étranger. Car quand il ne s'agist que de verifier la signature
ordinaire d'un particulier qui la dénie, encore y peut-
on asseoir quelque legere asseurance; parce qu'estant
sa signature ordinaire, il est difficile qu'on n'y découvre l'habitude naturelle de sa main. Mais quand il s'a-
git d'un crime où l'on accuse un homme d'avoir dé-
guisé sa propre escriture pour contrefaire un seing
étranger, comment est-il possible d'y rien connoî-
tre? Ou il y a une ressemblance parfaite entre les
escritures, ou il n'y en a qu'une imparfaite. S'il y a une
ressemblance parfaite, on ne peut pas s'imaginer que
l'escriture soit de la main d'un homme qui a voulu
contrefaire sa signature pour en imiter une étrangere:
car un homme qui veut contrefaire un seing étranger
ne manque jamais de déguiser son escriture; & pour
peu qu'il la vueille déguiser, il est absolument impossible qu'il y demeure une ressemblance parfaite. Il
pourroit tout au plus y demeurer quelques traits con-

ἀπόλη ψει γὰρ ἢ δόξει ἐνδέ-
χεται διαψεύδεσθαι. *Nam
existimatione & opinione
fieri potest ut mentiatur
animus. Arist. Eth. 6.c.3.*

formes : mais qu'il y reſte une reſſemblance parfaite
ſans aucune difference, encore un coup cela eſt abſo_
lument impoſſible. Que s'il n'y a qu'une reſſemblance
imparfaite, il eſt encore plus difficile d'y rien connoî-
tre. Car toute la force d'une preſomption fondée ſur
la reſſemblance, ne peut eſtre qu'en la perfection de
la reſſemblance. Or du moment que cette reſſemblance n'eſt plus parfaite, l'on ne peut pas conclure
plus raiſonnablement de celle qui y reſte, que les eſcritures ſoient d'une meſme main ; qu'on peut induire
de leur difference, qu'elles ſont de deux mains diverſes.

Ie ſçais bien quel eſt là deſſus le raiſonnement des
Experts. Où ils trouvent de la reſſemblance ; c'eſt là
diſent-ils que l'Accuſé n'a pû déguiſer ſa main : Où
ils trouvent de la diverſité, c'eſt là continuent-ils, qu'il
a eſſayé de ſe contrefaire. Ainſi ils tirent tout à l'avan_
tage de leur opinion : mais par un raiſonnement ridi_
cule. Car ne ſe peut-il pas faire que ce qui ſe trouve
de diverſité en deux eſcritures, provienne effective-
ment de la difference naturelle qu'il y a dans l'habitude des deux mains qui les ont eſcrites ; & que ce qui
s'y rencontre de reſſemblance, provienne de quelque
conformité naturelle qui s'y rencontre, ou d'une imitation étudiée. Ils imputent la diverſité à l'art, & la
ſeule conformité à la nature ; & cependant il ſe peut
faire auſſi vray-ſemblablement, que ce ſoit la nature
qui produiſe la diverſité, & que la conformité ne ſoit
qu'un effet de l'art.

Diſons plus. Comme l'on ne peut pas dire que deux
perſonnes ſoient les meſmes, pour avoir beaucoup de
traits ſemblables ; là où de la moindre diverſité, il s'en-
ſuit neceſſairement que ce ne ſont plus les meſmes :
ainſi tant s'en faut qu'on puiſſe conclure que deux eſcritures ſont de meſme main, parce qu'il y a entr'elles
quelque rapport ; qu'au contraire on doit bien plus
naturellement inferer que ce n'eſt point une meſme
eſcriture, de la moindre diverſité qui s'y rencontre.

Concluons donc pour l'établiſſement de noſtre troi-
ſiéme

fiéme & derniere propofition ; que non feulement la comparaifon d'Efcritures ne produit point une preuve literale ny teftimoniale, mais qu'elle ne forme non plus aucun indice indubitable ; qu'il n'y a rien de plus incertain que les Experts, ny de plus trompeur que leurs conjectures ; & par confequent, que la comparaifon d'efcritures n'eft d'aucune des trois efpeces de preuves qui font defirées par la Loy dans l'inftruction des affaires criminelles.

Ces trois propofitions generales eftant établies, il eft bien aifé d'en tirer les confequences, & de montrer que la comparaifon d'Efcritures ne peut faire de preuve dans les queftions capitales.

Car s'il eft vray comme je l'ay fait voir par ma premiere propofition, que nous n'avons point de Loy qui la reçoive ; S'il eft vray comme je l'ay prouvé dans la feconde, que la Loy n'admet pour toutes preuves dans les jugemens criminels que les tiltres authentiques, les tefmoins fans reproche, & les indices certains, indubitables & plus clairs que le jour ; Et s'il eft vray enfin, comme je l'ay encore fait voir dans la troifiéme, que tant s'en faut que la comparaifon d'efcritures forme un indice indubitable, qu'il n'y en a point au contraire de plus fufpect ny de plus douteux, ne fe conclud il pas de là naturellement qu'elle ne peut faire de preuve dans les matieres criminelles ?

Auffi eft-ce le fentiment de tout ce qu'il y a de plus celebres Iurifconfultes qui ont traitté cette queftion ; & fans perdre de temps à les nommer tous, je puis dire qu'il n'y en a pas un feul d'un fentiment oppofé.

Mais on me fait, comme nous avons veu tantoft, trois objections. La premiere eft, que la Loy *Vbi* a ordonné la comparaifon d'Efcritures dans les matieres de faux ; & que l'y ayant admife, c'eft une bonne marque qu'elle l'a jugée capable d'y faire preuve.

La feconde, que fi ce n'eft pas une preuve, en tout cas elle doit paffer pour une demi-preuve.

Et la troifiéme, qu'il faudroit laiffer la plufpart des fauffetez impunies, fi l'on n'admettoit la comparaifon

Quia ad effectum condemnandi in criminalibus, cõparatio fcripturæ non probat diverfitatem manus, quia fæpiffimè fallax eft ; cùm multi reperiantur qui alienas manus imitari folent, & quandoque mutatio calami vel atramenti, ætas, &c. & fic precife poft Ripamcurtium. Crauet. Decium, Francif. Marc. Vulp. Mafcard. Bajard. & alios docuit eleganter Clarus, Dominus Farinacius. Q. 153. n. 18. de falfit. & fimulatione.

Nicolaus Genova de script. privat. L. 1. q. 4. dub. 5. n. 7.

Premiere objection.

d'Escritures pour les prouver , pource qu'il est trop difficile d'avoir d'autres voyes pour en convaincre les Accusez.

I'ay donc pour finir, à satisfaire encore à ces trois objections ; & pour les examiner dans leur ordre : Ie demeure d'accord que par la Loy *Vbi*, il est dit qu'en matiere de faux, le Iuge doit rechercher la verité par toutes sortes de voyes, & mesmes par la comparaison des Escritures. Mais il faut aussi qu'on avoüe , que la Loy ne porte pas qu'en cette occasion là, l'on puisse sur la seule comparaison d'Escritures asseoir aucun jugement de condamnation de quelque qualité que ce puisse estre. Voicy quels en sont les termes. *Quand il se presentera une question de faux, que le Iuge examine diligemment la verité, par argumens , par tesmoins , & par comparaison d'Escritures , & qu'il en recherche jusqu'aux moindres vestiges pour essayer de la découvrir.* Or peut-on dire que par ces termes la Loy ait voulu qu'en matiere de faux la comparaison d'Escritures fist une preuve contre l'Accusé? Certes pour peu qu'on y fasse de reflexion , l'on trouvera que c'est tout au contraire, & que ce qu'aucuns ont voulu par une mauvaise interpretation, faire valoir contre l'Accusé, est entierement à sa décharge.

Vbi falsi examen inciderit , tunc acerrima fiat indago, argumentis, testibus , scripturarum collatione, aliisque vestigijs veritatis. L. 22. Cod. ad L. Corn. de falso.

Ie confesse qu'il n'y a pas de crime où il y ait d'ordinaire plus de difficulté à reconnoistre le criminel que dans la matiere de faux, & principalement dans cette sorte de faux , qui ne consiste qu'en imitation & en déguisement d'Escriture (mon sujet ne m'oblige à parler que de celle-là) le coupable s'y cache & s'y déguise, il y prend toûjours pour ainsi dire une forme & un caractere étrangers.

Mais il faut aussi avoüer que la mesme difficulté qu'il y a d'y reconnoistre le criminel , se rencontre à y reconnoistre l'innocent ; & qu'autant que la fausseté y est obscure , autant la verité est-elle cachée. Car l'un & l'autre sont reciproques. Iamais la fausseté n'est cachée que par ce que la verité est obscure ; jamais il n'est difficile de convaincre un accusé , que

par la mefme difficulté qu'il y a de reconnoiftre s'il
eft innocent.

Difons mefme que toutesfois & quantes qu'on en
vient à vouloir verifier une fauffeté par la reffemblance des Efcritures, un innocent eft plus en peril qu'un
criminel. Car enfin le criminel ne peut eftre en danger par là, qu'en un feul cas. C'eft à fçavoir s'il n'a
pas eu l'efprit ny l'adreffe de déguifer fon efcriture,
ce qui n'arrive quafi jamais. Là où au contraire un
innocent peut eftre expofé par mille rencontres ; ou
par ce qu'il fe fera trouvé des gens qui efcrivent naturellement comme luy, ou parce que des fauffaires
auront imité fon caractere. Enfin autant qu'il y a de
perfonnes au monde capables d'efcrire naturellement comme luy , & de fauffaires capables de contrefaire fon efcriture ; autant faut-il dire qu'il y a de
voyes, par lefquelles il court rifque d'eftre foupçon-
né. Chofe étrange & bien particuliere en ce crime,
mais bien veritable pourtant , que l'innocent y eft
plus en danger mille fois que le criminel.

La Loy a donc bien confideré tout cela ; & dans
ce peril ou de laiffer échapper le criminel, ou de faire perir un innocent, il ne faut pas s'imaginer qu'elle
ait eü la penfée de s'expofer à perdre l'innocent,
de peur de laiffer échapper le criminel. Au contraire s'il falloit choifir , nous avons veu qu'elle pre-
fere le falut d'un innocent à la punition d'un coupa- *D. L. abfentem. ff. de*
ble. Mais pour ne tomber en l'une ny en l'autre de *Pœn.*
ces deux extremitez , elle a voulu prendre des pre-
cautions extraordinaires & furabondantes afin de difcerner l'innocent du criminel. Dans les autres crimes où la verité n'eft pas fi enveloppée , elle fe contente de deux témoins fans reproche : mais en celuy-
cy elle a confideré que la dépofition de deux témoins
n'eftoit pas affez. Pourquoy ? Parce que tout ce que
peuvent dire deux témoins, c'eft qu'ils ont veu écrire
la piece dont il s'agit à l'Accufé. Mais qui peut affeu-
rer que ces témoins ne fe trompent pas, & qu'ils ne
prennent point cette piece - là pour une autre ? Ce

n'eſt pas comme des témoins qui dépoſent d'un meur-
tre, d'un vol ou d'un autre fait qui n'eſt point ſujet à
équivoque comme l'eſt la reſſemblance des écritures. On ne peut pas ſe deffier de la foy de deux perſonnes ſans reproche, qui dépoſent qu'ils ont veu
l'Accuſé aſſaſſiner un homme qui a eſté tué, parce
que cet homme qui a eſté tué eſt certain. Mais quelque écriture qu'on repreſente, du moment qu'elle eſt
combattuë de faux, elle eſt toûjours incertaine; &
les témoins qui l'ont veu écrire y peuvent eſtre les
premiers trompez, d'autant qu'ils peuvent prendre
celle-là pour un autre qui luy reſſemble.

Expliquons cecy encore plus clairement.

En tout crime, il y a deux choſes qui doivent eſtre
conſtantes. La premiere, Que le crime a eſté commis; La deuxiéme, Qu'il a eſté commis par l'Accuſé.
Dans l'homicide, par exemple, il doit eſtre premierement conſtant qu'il y a un homme mort; & en ſuite,
que c'eſt un tel qui l'a tué. Dans le vol, il doit eſtre
conſtant qu'il y a un vol qui a eſté fait; & en ſuitte,
que c'eſt l'Accuſé qui l'a commis.

Il en doit eſtre de meſme dans la matiere de
faux. Il doit eſtre conſtant premierement, qu'une
piece eſt fauſſe; & apres cela, que c'eſt l'Accuſé qui
l'a écrite. Que ce ſoit l'Accuſé qui a écrit, cela peut
bien eſtre juſtifié par les témoins; car il leur eſt aiſé
de ſçavoir s'ils l'ont veu écrire. Mais que la piece qu'il
a écrite ſoit celle qui eſt ſuſpecte de faux, il leur eſt
impoſſible de l'aſſeurer; car ils peuvent eſtre trompez
à la reſſemblance. Il faudroit qu'ils euſſent toûjours
eü cette piece entre les mains, ou qu'en la voyant écrire ils l'euſſent ſignée, & qu'ils la reconneuſſent à leur
ſignature. A moins de cela, ils peuvent depoſer de
la perſonne, mais non de la piece.

C'eſt donc pour ſuppléer en ce cas là à l'incertitude des témoins que la Loy *Vbi*, a ordonné la comparaiſon d'écritures; non pas comme une choſe ſuffiſante de ſoy pour prouver une fauſſeté : mais comme une choſe capable d'aider à la prouver, quand
elle

elle eſt jointe avec la dépoſition de deux bons témoins ; & de ſuppléer à la foy que leur ſeul témoignage n'eſt pas capable de former dans cette rencontre.

Auſſi qu'on y prenne garde, le texte ne porte pas,
ou par témoins ou par comparaiſon d'écritures. Il y a *par*
témoins, par comparaiſon d'écritures, & par toutes les
voyes par leſquelles il eſt poſſible de découvrir les traces
de la verité.

La Loy ſouhaitte tout cela conjointement. Elle ne ſe
ſert pas de la disjonctive (pour uſer des termes des
Iuriſconſultes) comme elle a fait dans cet autre texte,
où cottant les trois ſortes de preuves dont on ſe doit
ſervir en matiere criminelle, elle dit : *Il faut ou des*
titres, ou des témoins, ou des indices indubitables &
plus clairs que le jour. Icy elle deſire & les témoins &
la comparaiſon d'écritures, conjointement & non pas
diviſement.

Et de fait, ne voit-on pas encore ce meſme eſprit,
dans ce que nous avons tantoſt rapporté de la Novelle ſoixante & treize, qui a eſté faite long-temps
depuis cette Loy. Nous y avons remarqué que dans
les matieres civiles meſme, non ſeulement elle n'eſt
pas contente de la ſeule comparaiſon d'écritures, ſans
la dépoſition des témoins dignes de foy : mais qu'il
ne luy ſuffit pas toûjours non plus de la dépoſition des
témoins, ſans la comparaiſon d'Eſcritures ; tant elle
trouve de neceſſité dans ces matieres, de joindre
ſouvent les deux enſemble.

Qu'on ne s'imagine pas apres cela, que c'eſt contre
l'Accuſé, que la Loy *Vbi* preſcrit icy la comparaiſon
d'Eſcritures : c'eſt plûtoſt pour ſa décharge ; c'eſt de
peur de le condamner trop legerement en une matiere
ſi obſcure ; c'eſt en un mot pour ſauver l'innocent, encore plus que pour perdre le criminel.

La comparaiſon d'eſcritures ne fait donc point de
preuve dans la matiere de faux, non plus que dans tous
les autres crimes. Fait-elle une demy-preuve ? c'eſt le
ſujet de la ſeconde objection, & ce qui eſt maintenant
à examiner.

L

Mais pour cet effet il faut encore établir quelques principes ; & en premier lieu, qu'à proprement parler, il n'y a point de demy-preuves. C'est un nom Barbare, & un estre imaginaire. Cela est si vray, qu'il ne se trouve pas un seul texte dans tout le droit où il en soit fait mention. Ce terme a esté inventé par quelques Interpretes ; & fort mal à propros, comme le remarquent Contius & Monsieur Cujas. *C'est une erreur estrange des Interpretes*, disent-ils. *D'autant qu'ils ont veu que l'on appelloit preuve entiere & parfaite, celle qui découvre parfaitement la verité ; ils ont appellé semipreuve, celle qu'ils ont crû ne découvrir la verité qu'à demy. Et cependant qu'est-ce qu'une verité découverte à demy ? qui a jamais veu une demie verité ? Ce qui est vray n'est-il pas entierement vray ? & ce qui n'est qu'à demy vray n'est-il pas entierement faux.* Il est donc aussi impossible qu'il y ait des demy-preuves, qu'il est impossible qu'il y ait des demy-hommes. La nature de la preuve est indivisible. Ce qui découvre la verité, est une preuve : ce qui ne la découvre qu'à demy, n'est point une preuve ; pource qu'il ne montre pas la verité, il ne la laisse qu'à deviner.

Ie sçay bien que l'on ne manquera pas de me dire là dessus, qu'il y a de certains cas où l'on ne void pas la verité toute claire, mais où l'on la void, pour ainsi dire, comme enveloppée ; & que de mesme que les Astrologues ont de certains instrumens, qui bien qu'ils ne nous fassent pas découvrir les astres à plein, nous y font pourtant remarquer de certaines choses, par le moyen desquelles nous tirons quelque asseurance de la verité : ainsi il y a de certains argumens dans les crimes, par le moyen desquels nous ne découvrons pas tout à fait la verité, mais à l'aide desquels nous l'entrevoyons pour ainsi dire, & d'où nous en tirons des consequences probables ; en sorte que ce n'est pas tout à fait une preuve, mais que c'est pourtant une connoissance imparfaite, qu'on peut appeller la moitié d'une connoissance entiere, & par consequent une demy-preuve.

Mais je répons que quiconque voit une chose enveloppée ne void pas la chofe, il n'en void que l'enveloppe. De quelque maniere qu'on nous faſſe entrevoir la verité, ou c'eſt en telle forte qu'on eſt aſſeuré que c'eſt elle, ou c'eſt en telle forte qu'on ne fait que s'en défier. Au premier cas c'eſt une preuve, au ſecond c'eſt une fimple défiance & un foupçon. Ie ſçay bien que la preuve eſt tantoſt plus forte & tantoſt plus foible; la défiance tantoſt mieux & tantoſt plus mal fondée. Mais enfin, ſoit que la preuve ſoit plus forte ou plus foible, c'eſt toûjours preuve; ſoit que la défiance ſoit tantoſt plus juſte & tantoſt moins raiſonnable, ce n'eſt jamais qu'une défiance. Le plus ny le moins ne peuvent changer l'eſpece, comme diſent les Philoſophes.

Toutesfois puiſque l'abus à prevalu, que ce terme eſt canoniſé par les Interpretes, que Monſieur Cujas n'a pas laiſſé luy-meſme de s'en ſervir, & qu'apres tout ce ſeroit diſputer fur une fimple queſtion de nom de s'arreſter, à ſçavoir comment ſe doit nommer ce qu'on appelle ordinairement une demi-preuve, puiſque l'exiſtence de la chofe eſt certaine.; tenons-nous-en à l'uſage, & voyons ſi dans la doctrine des demi-preuves, la comparaiſon d'Eſcritures peut paſſer pour eſtre du nombre dans les matieres criminelles.

Ie n'ay pour cet effet, qu'à faire deux autres obſervations tres fommaires.

La premiere eſt, que comme nous avons dit qu'il y a une grande difference à faire entre les preuves dans les matieres criminelles, & les preuves dans les matieres civiles; il y a auſſi une grande difference à faire entre les demi-preuves en l'une & en l'autre.

Pour former une demie preuve en matiere civile, il fuffit d'une preſomption qui ne prouve rien, & qui ſoit ſeulement capable de donner du foupçon. C'eſt ce que dit expreſſement Monſieur Cujas, en un lieu, * où il eſt meſme à remarquer qu'il rapporte la Comparaiſon d'Eſcritures pour exemple d'une chofe qui ne prouve rien. Mais il n'en eſt pas de meſme en matiere criminelle. Tout ce qui ne prouve rien, & qui n'eſt

* *Semiplenam vocant quæ nulla eſt, quæ nihil probat; ut argumenta quæ fidem judici non faciunt, ſed eum in ſuſpicionem adducunt. Hujuſmodi eſt comparatio litterarum quæ per ſe, ſola fidem non facit. Cujac. ad. l. in bonæ. Cod. de reb. cred.*

capable que de donner [a] du soupçon, en est absolument rejetté ; La loy [b] n'y reçoit d'indices, que ceux qui sont manifestes, indubitables & clairs comme le jour.

La seconde observation est, qu'encore que la Loy mette les indices indubitables, entre les trois especes de preuves receuës en matiere criminelle ; il ne faut pourtant pas s'imaginer que ces indices soient une espece de preuve parfaite & suffisante, pour asseoir une condamnation diffinitive. Il n'y a que les titres & les tesmoins qui soient des preuves parfaites ; les indices, quelqu'indubitables qu'ils soient, ne sont qu'une preuve imparfaite. *A proprement parler*, dit Monsieur Cujas [c], *il n'y a que deux sortes de preuves ; les titres & les tesmoins.* Et quand la Loy [d] parle elle-mesme des preuves parfaites, elle ne compte que ces deux là pour estre de pareille force & authorité.

Ie sçay bien qu'il y a un texte [e] qui esgale la foy des indices indubitables aux tesmoins & aux titres : mais ce mesme texte marque expressement que ce n'est qu'en matiere civile, & en une question de proprieté.

Ie sçay bien encore que la Loy [f] qui regle les preuves recevables en matiere criminelle compte, les indices indubitables parmy les titres & les tesmoins. Mais remarquez qu'elle ne parle pas là des preuves parfaites & suffisantes pour asseoir une condamnation ; elle parle seulement des preuves recevables & legitimes. Car il y a deux conditions necessaires en une preuve ; L'une que la preuve soit legitime ; L'autre qu'elle soit parfaite. Qu'elle soit legitime pour fonder une juste accusation, & donner lieu à l'Accusateur d'intenter son action sans tomber dans la peine des calomniateurs ; qu'elle soit parfaite pour asseoir une condamnation definitive. Or dans cette Loy dont nous parlons, il n'est pas question des preuves qui peuvent fonder une condamnation definitive : mais seulement de celles qu'il faut qu'un Accusateur apporte

pour

---

[a] *Sed nec de suspicionibus quemquam damnari oportere divus Trajanus Assidio Severo rescripsit. L. absentem ff. de Pœnis. Plus est quam si indicio dixisset*, dit Godefroy sur le mot, *suspicionibus.* Et M. Cujas, *qui suspicatur, plus se videre putat quam qui præsumit. ad cap. Licet universis. Ext. de Testib.*

[b] *Indiciis indubitatis & Luce clarioribus. d. l. sciant. Cod. de probat.*

[c] *Et duæ præcipuæ maximæque sunt probationum species, instrumenta & persona. Cujac. in Parat. ad T. Cod. de Probat.*

[d] *In exercendis litibus eandem vim obtinent, tam fides instrumentorum, quam depositiones testium, l. 15. Cod. de fid. instrum.*

[e] *Indicia certa quæ jure non respuuntur, non minorem probationis, quam instrumenta, continent fidem. Quo jure si de proprietate domus ambigis, negotiùmque integrum est, uti non prohiberis. l. 19. Cod. de rei vindic.*

[f] *D. L. Sciant.*

pour faire recevoir son accusation, & éviter la peine de la calomnie. Cela se void dans les termes de la Loy qui ne s'addressent pas aux Iuges, mais *aux Accusateurs* ; & qui ne dit pas qu'il suffise de ces preuves pour condamner, mais simplement *pour porter une accusation en justice.* C'est aussi ce que remarque Monsieur Cujas ; car apres avoir dit qu'il n'y a que deux sortes de preuves parfaites, à sçavoir les titres & les tesmoins ; *L'on y peut adjoûter*, continuë-t-il, *les indices indubitables, comme estant du nombre des preuves legitimes.* Remarquez qu'il dit simplement *legitimes*, mais non pas *parfaites.* Car il n'y a que les deux premieres qui le soient ; la Iustice n'a que ces deux yeux pour reconnoistre la verité. *Toutes les choses du monde* (dit Heliodore cité en ce lieu là mesme par Monsieur Cujas) *ne peuvent estre parfaitement asseurées que par deux moyens ; ou par l'authorité des titres, ou par la foy des tesmoins.*

Ce sont donc deux observations qui doivent passer pour deux maximes constantes ; L'une qu'il n'y a que les indices indubitables receus par la Loy en matiere criminelle ; L'autre, qu'encore qu'ils y soient receus, ils n'y font pas toutesfois une preuve parfaite & entiere, mais seulement une preuve imparfaite.

Or de là il est aisé de juger quelles sont les demi-preuves en matiere criminelle. Car s'il n'y a que les indices indubitables receus en matiere criminelle, comme nous l'avons montré ; & si ces indices, quoy qu'indubitables, ne sont pas toutesfois capables de former une preuve pleine & entiere, mais seulement une preuve imparfaite : il s'ensuit de là necessairement qu'ils ne font autre chose qu'une demy-preuve ; car la demy-preuve, n'est autre chose que la preuve qui est imparfaite.

Aussi autant qu'on se peut persuader que la Loy a reconnu les demy-preuves, autant peut-on dire qu'elle n'a reconnu pour telles que les indices indubitables. Car enfin il est constant que pour tous les mesmes jugemens pour lesquels nous disons d'ordinaire qu'il est

M

[a] *Ad tormenta servorum ita demum venire oportet cùm suspectus est reus & aliis argumentis ita probationi admonetur ut sola confessio servorum deesse videatur. L. 1. ff. de Quæst. Item, L. milites. Cod. eod. & L. 3. C. ad L. Iul. maj. ubi Cujac.*

[b] Papon L. 24. T. 8. n. 1. de son recueil d'Arrests.

Il faut encore que la science soit legitime & reguliere. Car par exemple, un Iuge ne peut pas juger sur sa science particuliere; *Sed secundum allegata & probata.*

requis des demy-preuves, la Loy a toûjours exigé des indices manifestes & certains. Nous en avons une infinité de textes dans [a] le Droit; & c'est une remarque excellente que fait Papon. [b] *Les Juges*, dit-il, *n'ayant en main pour la preuve du malefice, autre chose que des indices & presomptions, ores qu'ils soient indubitables & vehemens, si ne doivent-ils juger à la vraye & derniere peine tout ainsi que s'il y avoit des témoins déposans l'avoir veu: ains doivent incliner à quelque gracieuse condamnation.* Et là dessus il cite Balde, Accurse & Aretin comme garends de son opinion..

Mais, m'objectera-t-on, n'y a-t-il pas des indices si pressans, qu'ils sont capables de former une conviction? n'ay-je pas dit moy-mesme qu'il y en a qui concluent par une consequence necessaire, & qui peuvent produire la science? Cela est certain. Mais la science des Iuges, ny la conviction mesme de l'Accusé ne suffisent pas toûjours pour le condamner.

Il y a deux sortes de science; il y a deux sortes de conviction. Il y a la science qui produit une certitude morale, il y a la science qui produit une certitude physique. La science qui produit une certitude morale, est celle qui dépend du raisonnement, & telle est la science qui n'est fondée que sur des indices. La science qui produit une certitude physique, est celle qui dépend immédiatement des sens, telle qu'est celle des témoins qui ont veu le crime. Ces deux diverses especes de science, forment les deux differentes especes de conviction. Conviction morale, & conviction physique. Or la science & la conviction morale sont bien capables de fonder un jugement en matiere civile: mais elles ne suffisent jamais, en matiere capitale pour asseoir une condamnation definitive contre un Accusé. Et en voici la raison. Elles suffisent en matiere civile; parce qu'il n'est jamais question que du droit des parties, & que les questions de droit sont de la dépendance de la Morale. Mais elles ne sont pas suffisantes en une question capitale; parce que dans ces questions il ne s'agit que du fait, & que les questions de fait ne font point de la juridiction de la Morale, mais feulement de la pure connoiffance de la Phyfique.

Cette diftinction n'eft pas fimplement vraye, mais importante & neceffaire pour l'intelligence de quelques textes du Droit ; dans lefquels nous voyons que la Loy dit, qu'encore qu'un homme foit *convaincu*, on ne peut pas pourtant le condamner à la mort, & qu'il faut avoir de plus fortes preuves. Que veut dire cela ? C'eft à dire *convaincu par une conviction morale*, telle que celle qui refulte des indices manifeftes & indubitables, qui ne forment qu'une femi-preuve ; Et c'eft en cette maniere que l'expliquent auffi Contius & Monfieur Cujas.

Cela prefuppofé, peut-on dire que la comparaifon d'efcritures puiffe paffer pour une demi-preuve ? Certainement il eft impoffible de le fouftenir. Car nous venons de voir que pour faire une demy-preuve en matiere criminelle, il faut des indices manifeftes, indubitables & plus clairs que le jour : cependant nous avons montré ailleurs que la comparaifon d'Efcritures eft un indice des plus douteux, & plus obfcur, pour ainfi dire, que la nuit mefme ; & par confequent il n'y a rien de plus éloigné de la nature de ceux qui font capables de former une demy-preuve en matiere criminelle.

Il y a encore plus. Quand ce feroit un indice auffi manifefte qu'il eft obfcur, & auffi infaillible qu'il eft trompeur, ce ne feroit pas encore affez. Car pour faire une demy-preuve, l'on ne defire pas fimplement un indice indubitable. La Loy n'a jamais d'égard à un feul, elle en veut toûjours plufieurs. *Il faut des indices indubitables*, dit elle ; & par tout, elle les defigne au nombre pluriel.

Vn feul témoin, de quelque qualité qu'il puiffe eftre, ne fait pas mefme une demy-preuve felon la Loy ; bien qu'un témoin qui a efté prefent à une action, foit toûjours incomparablement bien plus confiderable que le plus indubitable des indices. Cependant la Loy ne veut pas feulement qu'il foit écouté. Il y en a divers textes,

Si quis alicui majeftatis crimen intenderit, cùm in hujufmodi re convictus, minime quifquam privilegio dignitatis aftrictiore inquifitione defendatur. Sciat fe quoque tormentis fubdendum, fi aliis manifeftis indiciis accufationem fuam non potuerit probare, cum eo qui hujufmodi effe temeritatis reus deprehenditur. L. 3. Cod. ad L. Iul. majeft. ubi Contius in verbo Convictus, fic ait. Convictus, non quidem plene alioquin ftatim damnaretur, fed imperfecta, & ut aiunt, femiplena probatione.

Et Cujac. Ibid. Convictus, fcilicet manifeftis indiciis de quibus ipfa lex loquitur.

Indiciis ad probationem indubitatis d. L. fciant. Cod. de probat. Item L. 19. Cod. de rei vindicat. L. 13. Cod. de jur. dot. L. 3. §. 4. ff. de fufpect. tutor. L. 2. C. de in lite. jurando. L. 34. §. 3. ff. de legat. 1. L. 14. de contrah. ftipul. Cod & L. 17. in fin. ff. de manumiff. teftam.

Manifeftè fancimus ut unius omninò teftis refponfio non audiatur.

etiamſi præclara curia honore præfulgeat. L. juſ- jurandi. 9. Cod. de Teſt. Vnius teſtimonio non cre- dendum. L. maritus, ff. de Quæſt. Vnus teſtis nullus teſtis , ideſt unus teſtis nihil probat. Cujac. ad L. in bona 3. Cod. de reb. credit. Item Ant. Contius ad L. 3. Cod. ad L. Iul. majeſt.

ª Errant dum unum te- ſtem affirmant eſſe pro- bationem ſemiplenam. Duo, inquiunt, teſtes fa- ciunt plenam probatio- nem ; ergo unus ſemiple- nam. Sed hæc collectio vitioſa eſt ; & eadem at- que ſi diceres, Duo perfi- ciunt numerũ, ergo unus aut unum eſt numerus imperfectus , aut ſemi- plenus. Quod eſt falſum. Nam unum non poteſt dici numerus. Cujac. ad L. Iul. majeſt. Cod.

ᵇ Non ſtabit teſtis unus contra aliquem , quid- quid illud peccati & fa- cinoris fecerit. Deuter. 19. v. 15.

ᶜ Accuſationem noli re- cipere niſi ſub duobus vel tribus teſtibus. 1. ad Timot. c. 5. v. 19. & ad Hebr. c. 10. v. 28.

Comparatio littera- rum de ſe ſola , admini- culis minimè concurren- tibus, nec etiam facit in-

& Monſieur Cujas refute en ces termes l'erreur d'Ac- curſe qui avoit avancé que la voix d'un teſmoin ir- reprochable pouvoit faire une ſemi-preuve. ª *Mau- vais raiſonnement*, dit-il, *de vouloir faire paſſer la de- poſition d'un teſmoin pour une ſemi-preuve, ſous pre- texte que deux teſmoins font une preuve. C'eſt tout de meſme que ſi vous diſiez ; Deux unitez forment un nom- bre, & par conſequent un eſt un demi-nombre. Or qui a jamais oüi parler d'un demi-nombre.*

Auſſi eſt-ce une des deffenſes que fait Dieu dans l'Eſcriture, d'eſcouter la voix d'un ſeul teſmoin. ᵇ *Qu'on ne ſoufre jamais*, dit-il, *qu'un teſmoin ſeul paroiſſe en Iuſti- ce contre un Accuſé*. Conſiderez que Dieu ne ſe contente pas de dire, *qu'on ne condamne point ſur le teſmoigna- ge d'un ſeul teſmoin*. Il dit, *Qu'on ne ſouffre pas ſeule- ment qu'il paroiſſe*. C'eſt ce qu'a bien conſideré ſaint Paul ᶜ quand repetant le meſme precepte dans la Loy nouvelle, il l'a expliqué ainſi : *Ne recevez pas ſeule- ment l'accuſation, s'il y a moins de deux teſmoins.*

Cependant il eſt certain que la comparaiſon d'Eſ- critures n'eſt qu'un ſeul indice, qui eſt comme nous avons dit, bien moins qu'un teſmoin. Quand il y au- roit cent Experts qui auroient eſté oüis, leur nombre ne multiplieroit pas celuy des indices, parce que cela ne multiplieroit pas la reſſemblance : Et de meſme que quand il y auroit mille témoins qui dépoſeroient d'a- voir veu une goute de ſang ſur les habits d'un accuſé, tous ces témoins ne formeroient qu'une ſeule conje- cture ; ainſi quand mille Experts diroient que deux eſcritures ſont ſemblables, ce ne ſeroit qu'une preſom- ption unique, pource que cela n'aboutiroit qu'à une ſeule reſſemblance.

Concluons donc que la comparaiſon d'Eſcritures ne fait pas meſme une demi-preuve en matiere criminelle, & parce que ce n'eſt qu'un indice des plus douteux, & parce que ce n'en eſt qu'un ſeul.

C'eſt auſſi le ſentiment general de tout ce qu'il y a de plus éclairez, entre les Docteurs qui ont traité la queſtion. Et s'il s'en trouvoit d'oppoſez leur petit

nombre

nombre ne ſerviroit qu'à montrer l'erreur d'une opinion ſi ſinguliere.

Ie paſſe plus avant; car non ſeulement la ſimple comparaiſon d'eſcritures n'eſt jamais ſuffiſante pour faire une ſemi-preuve, en matiere criminelle : mais je dis qu'elle n'eſt pas capable de faire la moindre ny la plus legere preſomption, lors que la piece qu'il s'agit de verifier ſe trouve ſignée de deux Notaires, d'un Notaire & de deux teſmoins, ſoit que les Notaires & les teſmoins ſoient morts, ſoit qu'ils ſoient encore vivans & qu'ils reconnoiſſent leur eſcriture.

Cette propoſition ſurprendra peut-eſtre d'abord; & d'autant plus que nous avons dit, au commencement de ce diſcours, qu'en ce cas là elle fait une preuve entiere & parfaite dans la matiere civile : de ſorte qu'il ſemble qu'à tout le moins elle devroit faire une demi-preuve dans la matiere criminelle. Mais je m'aſſeure que pour peu qu'on prenne la peine d'y faire de reflexion, il n'y a perſonne qui ne tombe de mon ſentiment.

Pour entendre mieux cecy mettons-en l'eſpece dans la matiere de faux; où la comparaiſon d'Eſcritures ſemble plus naturellement convenir. Suppoſons que l'on accuſe un homme d'avoir fait un faux ſeing au bas d'un contract qui eſt ſigné de deux Notaires, ou d'un Notaire & de deux teſmoins. Suppoſons que ce contract eſt au nom de Titius, que la ſignature porte le nom de Titius, & neanmoins qu'on accuſe Sempronius de l'avoir faite. Ie demande ſi en ce cas, la verification des eſcritures eſtant ordonnée, & les Experts jugeant par la comparaiſon des caracteres que cette ſignature eſt de la main de Sempronius & par conſequent que cet acte eſt faux; ſi dif-je l'on peut adjoûter quelque foy à cette ſorte de comparaiſon, ſous pretexte que l'acte eſt reveſtu des ſolemnitez deſirées par la Novelle?

Or je ſouſtiens que non, & qu'en ce cas là, ſoit que les teſmoins ou les Notaires ſoient vivans, pour depoſer, ſoit qu'ils ſoient decedez ; tant s'en faut que leur ſignature adjouſte quelque creance au rapport des Ex-

dicium ad torturam, ut videre eſt apud Ripam in L. admonendi. n. 100. & ibi etiam Curt. n. 116. ff. de Iurejur. Aymon. de antiq. temp. part. 1. §. quæritur etiam. & n. 72. Dec. conſ. 615. n. 3. poſt med. Fran. Marc. Deciſ. 935. part. 2. Vulp. conſ. crim. 135. n. 14. Maſcard. de probat. L. 2. concl. 626. n. 29. & conc. 740. num. 10. & ſeq. Baiard. ad clar. in §. falſum. n. 108. Proſp. Farinac. de falſ. & ſimul. q. 115. part. 6. n. 118. Nicol. Genova Patav. de ſcript. priv. L. 1. q. 4. dubit. 5.

perts, que c'eſt tout au contraire ce qui la deſtruit, & ce qui la rend infiniment moins conſiderable que s'il n'y auoit ny Notaires ny teſmoins qui euſſent ſigné.

Ma raiſon eſt que du moment qu'un acte paſſé au nom de Titius eſt ſigné de Titius, & qu'avec cela il y a deux Notaires ou un Notaire & deux teſmoins qui l'ont auſſi ſigné & atteſté en cette forme; cet acte eſt une preuve authentique & par eſcrit, qu'il a eſté paſſé par Titius. Or c'eſt une maxime que la preuve meſme par témoins n'eſt point receuë contre une preuve par eſcrit authentique; il faudroit auparavant faire declarer l'acte faux, & faire le procez aux Notaires qui l'ont ſigné; Et par conſequent à plus forte raiſon ne peut-on pas recevoir contre ce meſme acte une ſimple preuve par Experts, qui eſt infiniment moins conſiderable qu'une preuve par teſmoins.

Ie dis plus; je ſouſtiens que l'inſcription en faux n'eſt pas meſme recevable contre cet acte, quand on ne rapporte point de plus forte preuve du faux que la comparaiſon par Experts. La raiſon en eſt que, ſuppoſé que tous les Experts en tel nombre que l'on voudra ayent jugé que la ſignature du nom de Titius eſt de la main de Sempronius : neantmoins ce ne ſont que des Experts oppoſez à la ſignature & au teſmoignage de deux Notaires, ou d'un Notaire & de deux teſmoins. Or dans la concurrence du teſmoignage de deux Notaires ou d'un Notaire & de deux teſmoins qui ont ſigné l'acte debatu de faux, avec un rapport d'Experts qui n'en jugent que ſur la reſſemblance, dira-t-on que la depoſition des Experts puiſſe prevaloir à celle des Notaires & des teſmoins de l'acte? C'eſt tout au contraire; & il y en a un texte precis dans la Novelle ſoixante-treiziéme qui porte, *Que toutesfois & quantes que le rapport des Experts ſe trouvera oppoſé à l'atteſtatiou des teſmoins qui ont ſigné l'acte, les teſmoins ſeront toûjours creus preferablement à tous les Experts.*

Ie paſſe encore plus avant; car ſuppoſé meſme que les teſmoins & les Notaires qui ont ſigné la piece depoſaſſent contre la foy de cette eſcriture, & qu'ils diſſent conformement au rapport des Experts, qu'encore qu'elle porte le nom de Titius, neantmoins la signature est de la main de Sempronius : il est certain que ce rapport n'en seroit pas plus considerable contre Sempronius ; parce qu'en ce cas le Notaire & les témoins deposeroiét contre leur propre foy, ce qui n'est jamais recevable.

Mais que dirons nous si les Notaires ou les tesmoins qui ont signé l'acte, ne deposent ny pour l'acte, ny contre l'acte, ou parce qu'ils sont morts, ou parce qu'ils sont absens ? Ie dis que s'ils sont absens, il faut leur faire faire leur procez par contumace comme à des faussaires, auparavant que de pouvoir oster la foy à l'acte ; & que s'ils sont morts, il faut faire le procez à leur memoire : Parce qu'un acte public ne peut jamais passer pour faux, jusqu'à ce que le Notaire qui l'a signé soit declaré un faussaire. Ie dis plus. S'ils sont morts, la seule comparaison par Experts n'est jamais capable de détruire l'acte, non pas mesme quand elle est jointe avec l'inscription de faux. Car le témoignage d'un homme est confirmé par sa mort , & par la mesme raison que nostre Novelle soixante & treiziéme dit, que si les Notaires ou les tesmoins qui ont signé l'acte sont morts, alors leur signature fait foy, sans qu'il soit besoin d'autre deposition, pourveu qu'il paroisse que c'est leur signature ; par cette mesme raison, dis-je , quand les tesmoins ou les Notaires qui ont attesté un acte sont decedez, leur tesmoignage prend encore une nouvelle force de leur mort. Elle passe pour la confirmation la plus authentique qu'on puisse desirer de leurs depositions ; elle vaut dit la Loy, le recollement & la confrontation la plus solemnelle. La raison en est, qu'on presume toûjours qu'un homme qui va rendre compte à Dieu de ses actions, ne souffre pas qu'il demeure de luy apres sa mort, un tesmoignage qui l'accuse eternellement de fausseté & d'imposture devant Dieu & devant les hommes. C'est pourquoy encore qu'il y eust une Loy à Athenes qui rejettoit tous les tesmoins qui deposoient d'une chose où ils n'avoient pas esté presens, il y en avoit neanmoins

Ἀκου ἣν ἢ) μαρτυρεῖν τεθνεῶ-
τος , ἐκ μαρτυρείαν δὲ ὑπε-
ρερείου κ͜ ἀδυνάτου. Id est
De re à mortuo accepta
aut peregrè gesta cui in-
teresse non potuerint, ter
stimonium auriti non oc-
culati dicunto. Petit. de
Leg. Att. L. 4. T. 7. de
qua lege Demosth. in orat.
pro corona.

une autre qui en exceptoit ceux qui depofoient de l'a-
voir oüy dire à un homme qui eftoit depuis decedé.
Ils vouloient que la foy qui eftoit deuë à la parole des
tefmoins apres leur mort, fuft efgale à celle qu'on de-
voit à la chofe mefme, & qu'il n'y euft point de difference entre l'avoir veuë, & l'avoir oüie raconter par
un tefmoin qui ne vivoit plus.

Difons donc que non feulement la comparaifon
d'Efcritures ne peut jamais faire une demi-preuve en
matiere criminelle : mais qu'elle ne peut pas mefme
eftre receuë quand c'eft pour combatre la foy d'un
acte public ; parce qu'il ne fe peut jamais faire que
les conjectures que forme la feule difference ou reffemblance des caracteres, efgale la foy que l'on doit
à l'atteftation folemnelle des perfonnes publiques &
des tefmoins.

Quelle eft la raifon de difference de cette efpece,
à celle de la Novelle ? C'eft que dans l'efpece de la Novelle, l'on fuppofe que la Signature & la depofition
des témoins vont à confirmer le rapport des Experts ;
dans celle-cy l'une & l'autre vont à le détruire. En
celle-là la verification des Experts eft authorifée de la
foy de l'acte & des témoins ; en celle-cy leurs conjectures font détruites par une preuve litterale & teftimoniale tout enfemble.

Troifiéme objection.

Mais, dira-t-on, c'eft donc un grand avantage à un
fauffaire de prendre fi bien fes mefures qu'il puiffe evi-
ter la prefence des témoins, ou les rendre complices
de fon crime ? Car en ce cas on ne le convaincra jamais, fi on ne le peut faire par la fimple comparaifon
d'écritures.

Ie refpons premierement, qu'il ne faut pas douter
que ce ne foit un grand avantage à un coupable, de
quelque crime que ce puiffe eftre, de le commettre fi
fecrettement qu'on n'en voye rien. Qui eft-ce qui peut
nier qu'en matiere de vol, d'homicide & de facrilege,
ce ne foit un grand avantage au criminel, d'avoir fi
bien pris fon temps & fes mefures, qu'il n'ait point efté
découvert par les témoins ? Le crime de faux n'a donc
point

point en cela de privilege qui ne foit commun à tous les autres.

Mais en fecond lieu je refpons, que jamais la difficulté de prouver un crime, n'a difpenfé les accufateurs d'en faire la preuve, ny donné aux Iuges le pouvoir de le condamner fans une parfaite conviction. L'exemple s'en peut voir dans l'adultere dont nous avons déja parlé cy-devant. Il n'y a point de crime au monde qui de fa nature foit plus caché ny plus difficile à découvrir que celuy-là ; c'eft un crime qui n'affecte que la folitude & les tenebres, qui n'a quafi jamais pour témoins que les criminels, & qui fe cache, pour ainfi dire, à la veuë des criminels mefmes : cependant cela difpenfe-t-il les accufateurs de prouver un adultere par témoins ? cela donne-t-il la liberté aux Iuges de condamner l'accufé fur de fimples indices ? nullement.

Il ne faut donc pas dire que la difficulté de la preuve, en ofte la neceffité ; ny qu'en matiere de condamnation capitale il ne faille toûjours une conviction parfaite, avant que de fe hazarder à la prononcer.

Ie fçay bien que dans l'ancienne Loy, cette impoffibilité de la preuve obligeoit les Iuges dans ces rencontres d'expofer les femmes à l'épreuve des eaux ameres, comme les Ethiopiens les foûmettoient à celle *Heliod. l.* 10. du feu, & comme les anciens Allemans éprouvoient *Tacit. Hift. l.* dans les rivieres fi la naiffance de leurs enfans eftoit legitime. Mais ce font des miracles de Religion qui n'ont nulle application aux regles ordinaires de la Iuftice. Si l'on en peut conclure quelque chofe, c'eft feulement que dans les crimes cachez, la Loy fe donnoit bien de garde d'interpofer fon jugement ; qu'elle renvoyoit à la Religion, ce qui ne pouvoit eftre decidé par la Iurifprudence ; & que les hommes enfin ne fe doivent pas méler d'interpofer leur jugemét fur des prefomptions & des doutes, dans les affaires où Dieu leur ayant ofté les preuves naturelles & neceffaires pour en difcerner la verité, témoigne affez par là qu'il ne veut pas qu'ils en foient Iuges, & qu'il en a evoqué à foy la connoiffance. C'eft ce qui eft dit admirablement dans un pafsage des Capitulaires de Charlemagne, qui est le plus bel endroit par lequel je puisse terminer ce discours.

Qu'un Iuge ne condamne jamais qui que ce soit, sans estre seur de la justice de son jugement ; Qu'il ne decide jamais de la vie des hommes par des presomptions ; Qu'il voye la preuve claire, & apres cela qu'il juge. Ce n'est pas celuy qui est accusé qu'il faut considerer comme coupable, c'est celuy qui est convaincu. Il n'y a rien de si dangereux ny de si injuste au monde que de se hazarder à juger sur des conjectures. Toutes ces sortes d'affaires où la preuve consiste en indices & ne va qu'à former un doute, doivent estre reservées au souverain jugement de Dieu ; Et les hommes doivent sçavoir que toutesfois & quantes qu'il n'a pas voulu leur donner le parfait éclaircissement d'un crime, c'est une marque qu'il n'a pas voulu les en faire juges, & qu'il en a reservé la decision à son Tribunal.

Nullus quemquam ante justum judiciũ damnet, nullum suspicionis arbitrio judicet. Prius quidem probet & sic judicet. Non enim qui accusatur, sed qui convincitur reus est. Pessimum namque & periculosum est quemquam de suspicione judicare. In ambiguis Dei judicio reservetur sententia. Quod certè agnoscunt suo, quod nesciunt divino reservent judicio ; quoniam non potest humano condemnari examine, quem Deus suo judicio reservavit. Capit. Car. Mag. L. 7. Cap. 186.

F I N.